KB088782

리더의 말그릇

일러두기

* 저자는 코칭심리 전문가로 말과 관계에 대한 1:1 코칭 및 상담을 진행하고 있습니다. 코칭 coaching이란, 인간이해와 행동변화에 관한 심리학을 적용해 목표달성과 문제해결을 돕는 성장형 대화를 뜻합니다.

* 본문에 제시된 사례는 개인정보 보호를 위해 대상과 상황을 바꾸어 재구성한 것임을 알려 드립니다.

비울수록 사람을 더 성장시키는

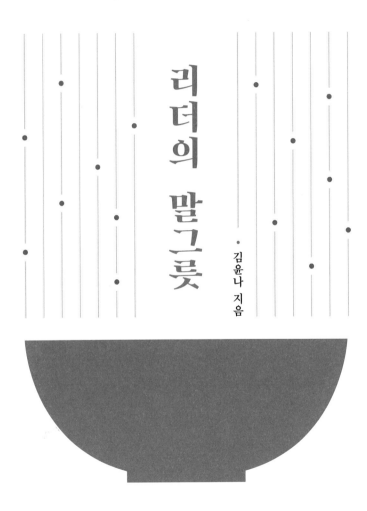

리더의
말그릇

· 김윤나 지음

카시오페아
Cassiopeia

왜 '리더의 말 그릇'인가?

일의 진행상황을 확인하던 당신은 화가 납니다. 다들 내 마음 같지 않아 짜증이 밀려오고, 왜 이렇게밖에 못하는지 원망스럽습니다. 진행방향을 수정해야 하는데 어디서부터 다시 시작해야 할지 답답하고, 시간도 빠듯한데 잘해낼 수 있을지 불안한 마음도 듭니다. 위에서는 언제 호출할지 모르고, 그때 또 어떻게 설명해야 할지 걱정스럽습니다.

당신은 회의를 소집합니다. 싸늘한 분위기를 감지한 후배들은 조용히 자리를 채워갑니다. 아무도 농담 한마디 꺼내지 않습니다. 이제 당신이 입을 열 차례입니다.

이때 당신의 한마디, 즉 리더의 한마디가 앞으로 펼쳐질 대화의 방향을 결정짓습니다. 여기서 칭하는 리더란, 특정한 직업이나 직책을 가진 사람을 의미하지 않습니다. 파트너(partner)와 팔로워(follower)가 있는 모든 사람을 뜻합니다.

만약 당신에게 파트너와 팔로워가 있다면, 가르치고 상호 협력해야 할 사람이 있다면 당신은 리더입니다. 팀의 막내라도 협력사와의 관계에서 영향력을 발휘해야 하는 입장이라면 마찬가지입니다. 동네에서 작은 점포를 운영하면서 시간제 아르바이트 직원을 채용하게 됐거나, 활동하던 커뮤니티에서 장의 자리를 요구받은 상황이라도 역시나 리더의 역할을 수행해야 합니다. 어떤 단체에서든 사람과 사람 사이에서 '관계'와 '성과'를 고민하는 사람이라면 모두 리더입니다.

자, 이제 다시 좀 전의 회의실 상황으로 돌아가봅시다. 당신이 리더라면, 어떤 말로 회의를 시작하겠습니까?

"도대체 누가 그랬어?" 하고 운을 뗀다면 그때부터 회의는 책임 떠넘기기가 될 것입니다. "지금 장난해?"라고 말한다면 우리가 얼마나 형편없는 팀인지를 확인하는 문장들로 채워지고요. "그래서 어떻게 해결할 거야!"라고 윽박지른다면 방어적인 대응책들만 맥없이 오고 가겠지요.

리더가 불편한 감정을 느낄 때, 그 힘의 파괴력과 영향력은 도드라집니다. 순간적인 감정에 휩싸여 후회할 말을 내뱉는 사람, 위협적인 말로 일을 완성시키려는 사람, 애매한 말로 위기를 모면하려는 사람, 사람을 떠밀어 성과를 세우려는 사람들은 대화할 때 상대방을 탓하고, 비난하고, 책임을 피하기 바쁩니다.

그러나 감정을 다양하고 정확하게 느끼는 리더, 존중의 대화로 일을 만들어가고자 하는 리더, 명확하고 진솔하게 소통하려는 리더, 사람을 통해 성과를 만들어가려는 리더는 이렇게 말합니다.

"상황을 알게 되니 당황스럽고 초조해지네."

불편한 감정도 무겁지 않게 사용합니다. 덜 중요한 감정은 소화시키고, 필요한 것들만 대화의 테이블에 올려둡니다. 감정도 대화의 정보라는 것을 인지하고, 부정적인 감정을 안전하게 사용합니다.

"나는 이번 기회를 통해 이 프로세스를 단축시키고 싶어."

대화의 목적지와 방향을 보여줍니다. 원하는 것과 원하지 않는 것을 구분해서 입을 엽니다. 생각나는 대로 말하지 않고, 꼭 해야 할 말을 합니다. 지금 우리가 누군가를 비난하기 위해 모인 게 아니라는 점을 보여줍니다.

"우리가 무엇부터 다시 생각해야 할까?"

지시가 아닌, 질문을 통해 대화로 끌어들입니다. 생각의 과정을 협의하고, 실수에서 교훈을 찾고, 그렇게 함으로써 우리가 한 팀이라는 것을 상기시킵니다.

리더의 말 그릇, 돌아보아야 하는 이유

사람은 누구나 말을 담아내는 그릇을 하나씩 가지고 있습니다. 그 크기와 깊이만큼 '말'을 사용합니다. 따라서 어떤 말 그릇을 가진 리더와 일하는지에 따라 대화는 다른 결말을 맺습니다.

말 그릇이 넉넉한 리더는 기분에 따라 '말'을 사용하지 않습니다. 곧바로 바르르 끓어오르지 않습니다. 자신의 마음을 인지하고, 말을 분별할 수 있기 때문이죠. 동시에 타인의 말을 해석하고 해독할 줄도 압니다. 마음의 자리가 빠듯하지 않아 말 뒤에 숨겨진 긍정적인 의도까지 찾아냅니다.

말 그릇은 말의 근원, 곧 마음을 뜻합니다. 말 그릇이 크다는 것은 마음을 넓고 깊게 사용할 줄 안다는 뜻입니다. '싫음' 앞에서도 마음의 평정을 유지하고, '다름'을 마주할 때는 존중의 마음에 집중하며, '모름' 안에서도 성장의 마음을 발동시킬 수 있다는 의미지요.

리더십의 본질은 사람을 통해서 성과를 만드는 것입니다. 이때, 사람과의 연결을 가능하게 하는 것은 '마음'입니다. 우리는 마음을 자기 자신, 즉 자신의 존재감으로 인지하기에 자신의 마음을 알아봐주는 사람에게 빗장을 열고 기꺼이 협력하게 됩니다. 그러나 우리는 이 황금 열쇠를 앞에 두고도 여태 모르는 척해왔습니다. 대신 힘과 돈으로 닫힌 문을 열기 위해 애를 써왔죠. 결과적으로 많은 리더들이 스스로의 마음도 깨닫지 못하고 상대방의 마음도 무시한 채 대화를 이어나갔고, 결과적으로 모두의 말문을 닫게 만들었습니다.

앞으로 이 '마음'을 다루는 일은 더욱 중요해질 것입니다. '재택근무 환경에서 MZ세대와 비대면 소통하기'라는 화두만 봐도 그렇습니다. 내가 알던 성공방식, 일의 원리, 관계의 법칙이 '무효화'되는 경험들이 늘어갑니다. 이럴수록 '어떤 마음일까?'에 주목하는 리더가 필요합니다. 이해할 수 없다고 손 놓기 전에 낯선 마음과도 대화를 시작할 수 있는 리더 말입니다.

"고과 잘 받고 승진하는 게 목표가 아니라면 도대체 뭘 원하는 거죠?"

아직 마음에 진입하는 방법을 모르는 리더들은 이렇게 말합니다. 상황이 달라지고 있는데, 예전 방식으로는 현상을 유지하기 어렵다는 것을 체감하고 있는데 대안을 모르는 것이죠. 리더는 성과로 말해야 합니다. 내가 아닌, 팀의 성과로 말이죠. 같이 일하는 사람들이 달라지고 있다면, 리더도 달라져야 합니다. 필요하다면 지금까지 고수한 방식을 내려놓고 새로 배워야 합니다.

예전에는 '나를 따르라'가 통했습니다. 하지만 요즘에는 '너나 가라' 합니다. 불안정과 불확실성이 높아졌기 때문에 누구도 선뜻 믿고 따르지 않습니다. 그렇기 때문에 성과를 만들어내려면, 변화에 빠르게 적응하고, 배경이 다른 사람들과도 효율적으로 소통하고, 멀리 떨어져 있어도 공감 대화와 코칭이 가능한 리더가 되어야 합니다.

상담실에서 만난 리더들은 "스스로에게도, 상대방에게도 편안한 사람이 되고 싶다"는 말을 종종 합니다. 사소한 자극에 예민해지고, 과도하게 화를 내고, 후회를 반복하는 것은 매우 피곤한 일이기 때문이지요. 불편한 상황도 비교적 편안하게 넘기고, 다른 생각을 가진 사람들, 아직 경험이 부족한 후배들도 넉넉한 품으로 끌어안으며 가고 싶어 합니다.

그렇다면, 이제는 리더로서의 말 그릇을 키우는 연습을 시작해야 할 때입니다. 마음의 구조를 이해하고, 마음을 인식하는 훈련을 거쳐 마음으로 소통하는 대화를 연습해야 합니다. 넓은 말 그릇은 나이가 들면 누구나 갖게 되는 상장이 아닙니다. 그것은 부단한 공부와 연습, 성찰과 인내가 만들어내는 개근상에 가깝습니다.

∽

전작《말 그릇》을 쓴 지 벌써 3년이 지났습니다. 그 사이 강의를 통해 많은 리더들을 만났습니다. '말마음 상담실'에서 몇 개월에 걸쳐 1:1 코칭을 진행하기도 했습니다. 이 책은 그러한 이야기를 담고 있습니다.

이 책은 총 4부로 구성되어 있습니다. 1부에서는 리더가 사람의 마음에 관심을 가져야 하는 이유에 대해 설명합니다. 이제 당신이 데리고 가야 할 팀원들은 보상만으로 움직이는 집단이 아닙니다. '오늘은 그럴 기분이 아니에요', '제 마음을 그렇게 모르겠어요?'라고 표현하는 새로운 세대를 움직이기 위해서는 동기에 대한 이해가 필요합니다. 일의 방식뿐만 아니라 마음에 대해서도 대화할 수 있어야 합니다.

2부에서는 말 그릇을 넓히기 위한 '마음의 세 가지 요인'에 대해 설명합니다. 상대방의 마음을 들여다보기 이전에 리더 스스로가 자신의 마음 안에서 어떤 일이 일어나고 있는지 인식해야 합니다.

내 마음 안의 감정, 생각, 욕구를 어떻게 인식하고 받아들여야 하는지 알아보고, 말하기 전에 마음을 정돈하는 법 등을 알아봅니다.

3부에서는 마음과 마음이 만나 갈등을 일으킬 때 서로 윈윈하는 방법이 나와 있습니다. 동의할 수 없고 이해할 수 없는 말 앞에서 어떻게 반응해야 하고, 어떻게 존중의 대화를 이어나갈 수 있는지 알아봅니다.

4부는, 성과와 성장을 짊어진 당신을 위한 장입니다. 피드백에 대해 고민하는 리더들을 위한 몇 가지 기술이 포함되어 있습니다. 특히 성과 면담을 할 때 적용해볼 만한 프로세스가 담겨 있습니다.

이 책을 읽으면서 가장 중요한 것은, 여기서 배운 법칙들을 꼭 실제 대화에 적용해보는 것입니다. 매일 발생하는 불편한 대화, 후회되는 대화, 더 잘하고 싶은 대화를 메모해보세요. 번거롭더라도 책 곳곳에 준비된 액션 시트에 기록하고, 자신만의 방식으로 다시 말해보세요. 실수한 대화를 돌아볼 때는 스스로를 너무 꾸짖지 않는 게 좋습니다. 반성과 자책에 시간을 소비하지 말고 앞으로 나아가세요. '다시 비슷한 상황이 발생한다면, 이번에는 어떻게 말할 것인가'에 대한 시나리오를 짜두고 준비하세요. 늘 함정은 반복됩니다. 갈등이 생겼을 때 멈추고 알아차리세요. 조금씩 다른 선택을 하려고 노력하세요.

우리는 한때 현장에서 빛나는 선수였습니다. 혼자 일할 때는 한없이 반짝였죠. 그러나 파트너와 팔로워가 늘어나면서 역량과 책임의 범위는 달라졌습니다. 현장의 스타 플레이어였을 때는 나를 이끌어서 결과를 만들면 됐지만, 팀이 생기면서 수많은 불협화음을 짊어져야 했습니다. 의지대로 안 되니 예민해지고, 스트레스로 몸과 마음은 경직됩니다. 그럴수록 예전에 잘하던 방식을 더 고집하게 되지요.

이제 다시 새로운 방식으로 균형을 잡아야 합니다. 이 책을 통해 더 큰 숙제를 던져주려는 것은 아닙니다. 질타를 하려는 것은 더욱 아니고요. 리더도 사람이 무섭고, 외롭고, 지칩니다. 하루에도 몇 번씩 가슴속에서 불이 납니다. 저도 잘 알고 있습니다.

이 책의 최종 목표는 리더로서 자신의 마음을 돌보는 데 있습니다. 더불어 길을 잃은 당신에게 더 좋은 방향을 제시하는 데 있습니다. 이 책이 한숨을 삼키고 다시 출근해야 하는 당신에게 조용한 가이드북이 되었으면 좋겠습니다.

차
례

5   프롤로그:
       왜 '리더의 말 그릇'인가?

Part 1.

리더의 말은
어떻게 만들어지고
전달되는가

21   대화의 갈림길에 선 리더에게

28   내 맘 같지 않아요: 동기부여

38   새로운 술은 새로운 잔에: 세대 차이

45   비대면 시대에 필요한 말 공부

53   리더의 말 그릇

Part 2.
말 그릇 속에
마음이 산다

말과 마음의 관계   63

마음의 구성 요소   69

감정에 대하여

말하기 전에 감정 바라보기   81

감정적인 사람 vs. 감성지능이 높은 사람   86

감정에 이름 붙이기   93

　Tip. 12×12 감정단어표   98

감정습관 대신 현재에 집중할 것   100

　Tip. 감정을 잘 사용하는 리더들의 질문   109

생각에 대하여

나의 생각은 믿을 만할까?   112

　Tip. 생각의 자동화 발견하기   117

생각의 늪은 어떻게 만들어지는가   119

의미 있는 진실   127

　Tip. 공식 발견 질문지   134

욕구에 대하여

139 　　　 욕구를 확인하고 정확하게 전달하기

144 　　　 불편한 감정 뒤에 살고 있는 것

151 　　　 Tip. 욕구 목록 (원한다, 바란다, 기대한다)

154 　　　 Tip. 욕구를 확인하는 연습

156 　　　 자신의 욕구 포기하지 않기

163 　　　 감정-공식-욕구 연결하기

Part 3.

말 그릇에
존중을 담는다면

173 　　　 회피의 대화

179 　　　 힘의 대화

186 　　　 존중의 대화 선택하기

194 　　　 이제 무엇이 보이나요?

204 　　　 생각의 차이 앞에서

213 　　　 다시 볼 때 일어나는 일

220 　　　 Tip. 존중의 대화 프로세스 3단계

Part 4.
성장을 앞당기는
말의 힘

잘하고 있는 걸까요: 성과 vs. 성장   225

구체적이고 명확한 피드백의 기술   230

칭찬이 어려운 이유   237

칭찬의 3C 공식   244

　Tip. 3C 공식 실전에서 활용하기   253

기분 나쁘지 않게 피드백할 수 있을까?   257

요청의 3S 공식   265

　Tip. 3S 공식 실전에서 활용하기   272

면담 준비하기   273

　Tip. 면담 전 액션 시트 작성하기   285

에필로그: 289
리더의 길, 마음의 길

리더의 말그릇

Part 1

리더의 말은 어떻게
만들어지고 전달되는가

대화의 갈림길에 선
리더에게

"지금 일을 하겠다는 거야, 말겠다는 거야!"

그의 언성에 분위기는 순식간에 경직되었습니다. 그는 소리를 지른 게 바로 후회됐지만 화가 치미는 것은 어쩔 수 없었습니다. 그동안 많이 참기도 했고요. '둘 사이에 문제가 있어도 일은 제대로 해야지' 하는 마음도 컸습니다.

사정은 이렇습니다. 그는, 이제 막 상품개발팀 파트장으로 진급한 한과장에게 박대리와 기획안 초안을 잡아보라고 지시했습니다. 개인주의가 강한 한과장이 후배를 좀 챙겼으면 했고, 박대리도 선배의 꼼꼼한 일처리 방식을 배웠으면 했지요.

충돌은 처음부터 일어났습니다. 한과장은 박대리가 실력에 비해 노력하지 않는다고 고개를 저었고, 박대리는 선배가 자신을 일에서 제외시키는 느낌이 든다고 하소연했습니다. 그는 중간 점검도 할 겸 두 사람을 회의실로 불러 상황을 들어보려고 했습니다. 그런데 이게 웬일입니까. 믿고 기다려준 보람도 없이, 보고서를 각자 스타일대로 따로 준비하겠다며 시간을 더 달라는 것입니다. 그 말을 듣는 순간 그는 평정심을 잃었습니다.

그는 종종 이렇게 언성을 높이게 된다며 고민스러워 했습니다. 우리는 상담실에서 대화를 더 이어갔습니다.

나　그 상황에서, 화를 참을 수 없게 만든 결정적 말은 무엇이었을까요?

리더　보고서를 따로 준비하겠다는 말이지요.

나　그 말을 들었을 때 어떤 생각이 들었나요?

리더　'내 말을 뭐로 들은 거야! 무시하는 거야?' 하는 생각이 들었습니다.

나　그 생각을 표현하고 나서 어떤 일이 벌어졌나요?

리더　한과장이 아예 입을 다물었습니다. 박대리는 한과장을 한층 더 불편하게 생각하는 것 같았고요.

나　혹시 그러한 상황에서 다른 말을 선택할 수도 있었다고 생각하시나요?

리더   음… 그럴 수도 있었겠지요.

나   만약 그 상황으로 다시 돌아간다면 이번에는 무엇을 더 고려하고 싶으세요?

리더   누구나 맡은 일을 잘하고 싶죠. 이런 상황을 그들도 바라지 않았을 테고요.

나   네, 그렇겠네요. 그것을 안다면 어떻게 다르게 대화할 수 있었을까요?

리더   '자네들도 이런 결과를 원한 것은 아닐 테지…'라고 말할 수 있었겠지요..

위의 대화에서 가장 희망적인 부분은 그가 '다른 선택이 있었다'는 것을 인지하고 있다는 점입니다. 만약 '한과장과 박대리가 바뀌지 않는 이상 이 상황은 달라질 수 없다'고 생각했다면 다음 코칭 단계로 넘어가지는 못했을 것입니다.

만약 당신이라면

바로 이 지점이 우리가 앞으로 이야기를 나누게 될 부분입니다. 생각과는 다르게 일이 진행될 때, 갈등의 수위가 높아지면서 불편한 감정이 차오르고, '그건 아니다'는 판단과 평가가 세워질 때, 말로 쏘아붙이고 싶은 순간에서조차 어떻게 하면 더 나은 선택을 할 수 있는가에 대한 것 말입니다.

상황이 좋을 때 잘하는 것은 쉽습니다. 기대한 것 이상의 결과가 나왔을 때, 예산이 충분하고 인력이 받쳐줄 때는 대화를 다루는 실력의 차이가 두드러지지 않습니다.

'리더의 말 그릇'이 영향을 끼칠 때는 상황이 나빠질 때입니다. 이해관계가 얽힐 때, 책임 소재를 따져야 할 때, 한 시간을 회의하고도 엉뚱한 보고서를 마주하게 될 때… 이러한 상황에서 방어와 공격의 욕구에서 벗어나 올바른 길을 찾는 것은 누구나 어렵습니다. 그때 사람의 마음에 주목할 수 있는 리더라면 대화를 새로운 방향으로 이끌고 나갈 수 있습니다. 마음을 사용할 줄 아는 리더는 순간적으로 끓어오르는 감정을 조절할 수 있고, 상처주지 않으면서도 원하는 것을 말할 수 있습니다.

'마음을 고려한다는 것'은 '좋은 게 좋은 거지'와는 다릅니다. 착한 사람이 되라는 말도 아닙니다. 오히려 내 기분대로 말하지 않고 효율적으로 일을 처리하는 태도와 비슷합니다. 고정된 시각에 매몰되지 않고 나와 너, 상황 전체를 보는 시야를 뜻합니다. 과학적으로 검증된 인간 심리와 관계의 역동성을 비즈니스에 활용하는 것을 의미합니다.

만약 앞의 사례에서 "내 말을 뭐로 들은 거야!" 하고 윽박지르기 전에 감정을 먼저 진정시켰다면 결과는 어떻게 달라졌을까요? '기대와 다른 결과에 실망스럽다. 그러나 이 과제를 함께 잘 해결하고 싶다'는 목표에 집중했다면 대화는 어떻게 전개되었을까요?

그때, 팀원들의 표정과 눈빛을 살펴보았다면? 성급한 꼬리표를 달기 전에 상황을 더 알아보자고 마음먹었다면 어떤 변화가 일어났을까요? 혹은 '당신들이 기대한 결과는 무엇이었는지? 이제 무엇을 바꾸어야 하는지?'에 대해 질문했더라면 어떤 답을 들을 수 있었을까요?

물론 그럼에도 불구하고 여전히 두 사람은 고집을 부리고 문제 해결에 진전이 없을 수도 있습니다. 그러나 그 회의에서 누가 리더의 역할을 하고 있는지는 분명히 알게 됩니다. 목적을 잃지 않고 후배들의 마음을 놓치지 않는 사람이 누구인지 명확하게 보이니까요.

리더의 말은 사람에게로 이어져야 합니다. 심리학자가 될 필요는 없지만, 마음이 어떤 구조와 원리로 작동하는지 알아야 합니다. 해내고 싶은 마음, 기여하고 싶은 마음, 존중받고 싶은 마음, 보호받고 싶은 마음, 남과 다르게 대우받고 싶은 마음, 고집을 피우게 되는 마음에 대해서 알아야 합니다.

당신의 격려가 사람의 마음에 침투할 때 어떤 화학 작용이 일어나는지, 그것이 왜 심리적 자본으로 이어지는지 그 순환의 흐름을 이해할 필요가 있습니다. '기껏 준비한 게 이거냐'는 생각이 들 때라도 '이번 일을 통해 배운 게 무엇이냐'고 물어보면 눈빛이 어떻게 달라지는지, '저건 아니다' 싶을 때라도 '준비하면서 힘든 점이 무엇이냐'고 물어보면 상대방이 어떻게 입을 여는지 알아야 합니다. 그래야 당신의 말이 허공을 떠돌지 않고 상대방의 마음에 내려앉습니다.

예전에 곶자왈에 대해 숲 해설사의 설명을 들은 적이 있습니다.

"곶자왈은 '가시덤불로 이루어진 숲'이라는 뜻이에요. 곶은 숲, 자왈은 가시덤불을 뜻하지요. 나무가 자라기도 전에 사람들이 자꾸 땔감으로 써서 아름드리 나무가 자랄 새가 없었고, 그 때문에 이곳엔 가시덤불만 많아지게 되었답니다. 이 지역이 제주도에서 가장 척박했다고 해요."

일터에서도 비슷한 모습을 보곤 합니다. 시간이 없어서, 인력이 부족해서 사람들의 마음을 모른 척한다면 사무실은 가시덤불로 채워질 수밖에 없습니다.

마음은 관심을 받을 때 부드러워집니다. 그렇게 되면 고집과 방어, 변명과 무시를 고집할 이유가 없어집니다. 마음이 햇볕을 받고 자라나 위로 뻗으면 어느 정도의 가시덤불은 스스로 참아내게 됩니다.

이제 숲을 만들어보세요. 사람의 마음이라는 변수를 받아들이고, '사람의 얼굴'과 마주하세요. 당신의 말 한마디에 오르락내리락 요동치는 사람의 에너지를 느껴보세요.

앞으로도 리더에게는 많은 변화가 요구될 것입니다. 새로운 아이디어를 찾고, 목표를 높이고, 소통을 하고, 협업을 통해 시너지를 만들라는 요구 앞에서 붙잡아야 할 것은 사람입니다. 사람의 마음을 움직여 성과를 만들어내야 합니다.

내 맘 같지 않아요:
동기부여

리더의 마음을 답답하게 만드는 것 중 한 가지가 바로 '내 마음 같지 않은 태도'일 것입니다. '아, 저는 여기까지만 할게요. 그것까지는 제 일이 아닌 것 같아요.' 이런 식으로 선을 긋는 태도를 보면 어쩐지 기운이 쭉 빠지고 마니까요. 그런데 사람을 움직이게 하려면 '인센티브'만으로는 충분하지 않습니다. '~하면 ~해줄게'라는 식의 조건적 외적 보상들은 단기적으로는 효과가 있습니다. 그러나 그것이 항상 유용한 것은 아니지요.

업무에는 '연산적 유형'이 있고 '발견적 유형'이 있습니다. 연산적 유형의 일이란 다양성과 창의성이 크게 요구되지 않는 일, 한 가지 방법으로 한 가지 결론을 내리는 일을 말합니다. 컨베이어 벨트 위에서 제품을 조립하는 일이나 데스크에서 출납금을 세어 맞추는 일, 기존 매뉴얼에 맞추어 엑셀 시트에 숫자를 바꾸어 넣는 일 등이 이에 속합니다.

발견적 유형은 이와는 반대입니다. 가능성과 아이디어, 연구와 실험, 실패와 도전이 필요한 일입니다. 기획안을 세우고, 신제품을 런칭하고, 마케팅 아이디어를 짜고, 프로세스를 개선하는 등의 모든 '새로운' 일을 뜻합니다.

하버드대학교 경영대학의 테레사 에머빌 등의 연구에 따르면 연산적 업무에서는 외적 보상이 효과가 있었다고 합니다. '인센티브'가 높다면 생산성이 높아지는 식입니다. 그러나 발견적 업무에서는 오히려 부정적인 영향을 주었다고 합니다. 인센티브를 너무 강조할수록 자발적인 흥미, 새로운 시도, 융합적인 시각이 사라진다는 것이죠.

동기를 끌어내는 힘: 의미와 연대감

물론 리더에게는 직원들에게 나누어 줄 쿠폰이 많지 않습니다. 예산을 팍팍 끌어다줄 여력도 부족하죠. '고생하는 후배들에게 뭘

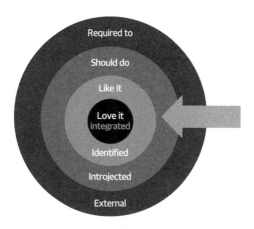

동기의 차원 모델
(출처: Coaching with self-determination in mind:
Using theory to advance evidence-based coaching practice. International Journal of
Evidence Based Coaching and Mentoring, 9(2), 37)

좀 해주고 싶지만 저도 힘이 없습니다'라고 말하는 리더들을 그동
안 꽤 많이 만나왔습니다.

이럴 때일수록, 우리는 사람의 마음이 어떻게, 어떤 식으로 움직
이는지 관찰해야 합니다.

동기에도 여러 차원이 존재합니다. 원의 가장 밖에 위치한 동기
를 1단계(external)라고 해보지요. 이곳은 외부의 힘에 의해서 작
동하는 동기입니다. 하기 싫은 일을 누군가가 억지로 앉혀놓고 시
킬 때의 마음인 거죠.

그보다 한 단계 안쪽에 위치한 2단계(introjected) 동기는, 비로소 그 일을 자기 것으로 받아들이는 단계입니다. 스스로 의무와 필요성을 인식하고 있는 단계이지요.

거기서 한 걸음 더 들어간 3단계(identified) 동기는, 이제 확신을 가지고 움직이는 단계입니다. 누가 시키지 않아도 좋아서, 마음이 내켜서 하는 것을 뜻하죠. 마지막으로 가장 안쪽에 위치한 4단계(integrated)는 비로소 나와 일이 통합된 상태라고 볼 수 있습니다. 몰입의 즐거움을 경험하고 더 높은 목표와 이상을 추구하는 상태라고 할 수 있어요.

미켈란젤로가 시스티나 성당의 천장벽화를 그릴 때 "잘 보이지도 않는 구석에 그림을 그리느라 그렇게 고생하는가! 누가 본다고!"라고 친구가 말하자, 그는 "내가 보잖아"라고 답했다고 합니다. 바로 그가 4단계의 동기를 가진 사람이었던 것이지요.

우리는 살면서 동기의 단계들을 오르락내리락합니다. 어떤 일은 1단계, 다른 일은 4단계 차원에 있을 수 있고, 같은 일이라 하더라도 상황에 따라 또는 누구와 함께하느냐에 따라 다른 단계로 이동할 수 있습니다.

자, 이번에는 좀더 직접적인 질문 한 가지를 꺼내볼까 합니다. 현재 당신의 동기는 몇 단계에 머물러 있나요? 리더로서 사람들의 마음을 알아보는 일에 어느 정도의 동기를 가지고 있나요?

강의 현장에서 이렇게 물으면 다들 웃습니다. 강의에 자발적으로 참여한 것도 아닌데 이런 질문까지 하니까요. 혹은 자발적으로 참여했다 하더라도 '나도 동기가 없는데 누구한테 강요하겠나…' 하는 마음 때문이기도 하고요.

다른 사람의 동기유발에 관심을 갖기 전에, 먼저 리더십에 대한 자신의 동기를 정리해볼 필요가 있습니다. 나는 현재 몇 단계에 있는지, 더 높은 단계로 진입하기를 원하는지, 만약 그렇다면 무엇이 필요한지에 대한 나름의 답을 마련하길 바랍니다. 많은 리더들이 이 단계에서 종종 간극을 느낍니다. 머릿속으로는 3단계 정도를 이상적으로 생각하고 있지만, 실제로는 2단계에 머물르고 싶을 수도 있습니다. 이 간극부터 해결해야 리더십을 다루는 과정이 덜 괴롭고, 말과 행동이 한방향으로 정리될 수 있습니다.

분명한 것은 통장에 약간의 돈이 더 입금된다고 해서 동기가 높아지는 것은 아니라는 점입니다. 사람은 나의 영향력을 확인할 때 내적 동기가 높아집니다. 후배가 성장하고, 팀의 성과가 오르고, 이해관계가 다른 사람들이 협력하는 모습을 볼 때 자발성은 올라갑니다. 깊은 연결감을 느낄 때도 마찬가지입니다. '고맙다, 수고한다, 덕분이다'라고 말하는 사람들과 있을 때 진정으로 그 행동을 계속 유지하고 싶어지는 것입니다. 즉, 내적 동기라는 것은, 외적 보상과는 다른 단계에 속해 있습니다.

자, 다음 질문으로 넘어가도록 할까요. 그렇다면 함께 일하는 직원들은 최소한 몇 단계의 동기에 있길 원하나요?

대부분의 리더들은 3단계를 꼽습니다. 자리와 역할에 대해 확신을 가진 상태, 억지로 시켜서 하는 게 아니라 관심과 애정을 가진 자발적 상태를 바라는 것이죠.

리더는 기대합니다. '자료 조사'를 맡았다면 인터넷 검색만 하지 말고 현장에 가 살펴보기를, 다른 팀들의 의견도 취합해보고 작년에 이 사업을 맡았던 담당자와 미팅해보기를 원합니다. 그래서 풍성한 아이디어들을 펼쳐놓고 창의적인 토론을 할 수 있기를 바랍니다. 그러나 후임자는 지난번과 동일한 보고서에 수치만 수정하고 몇 장 더 붙여 새로운 보고서를 마무리합니다. 리더가 원하는 동기의 수준과 실제 직원들이 가지고 있는 동기의 수준이 다른 것이지요.

세계적인 행동경제학자 댄 에리얼리는 '의미와 연대감'에 대한 이론에서, 의미는 내가 하는 일의 정체성으로부터 출발한다고 말합니다. 내가 무엇을 하고 있는지, 그것이 누구에게 혹은 무엇에게 영향력을 미치는지 알 때, '의미'가 생긴다는 것이죠. 그리고 사람은 이렇게 자신의 일과 역할에 의미가 생길 때 동기의 다음 단계로 진입합니다.

서로 연결되어 있다고 느낄 때도 마찬가지입니다. 등을 맞댈 수 있는 파트너가 있을 때, '괜찮냐'고 물어봐주는 동료들과 함께할 때 동기의 다음 단계로 진입합니다.

> 의미　내가 맡은 역할은 무엇이고, 그것은 누구에게 혹은 무엇에게 어떤 식으로 영향을 미치는가?
>
> 연대　우리는 어떻게 연결되어 있고, 어떤 식으로 협력하는가?

그는 모든 일에 인센티브를 제공하는 것, 회사 연락망에 직급과 순번을 표기하는 것, 파티션으로 나누어진 획일화된 사무실 환경, 사람을 부속품처럼 다루는 것, 지금 하고 있는 일의 영향력에 대해 설명하지 않는 것 등을 직원들의 사기를 꺾는 요인으로 꼽았습니다.

사무실에서 우리는 작은 책상 하나를 갖습니다. 그러나 그 책상에서 하는 일이 파티션을 넘어 다른 회사의 누군가와 연결되고, 더 나아가 바다를 건너 또 다른 누군가와 연결된다는 것을 그릴 수 있을 때 '의미'가 생깁니다. 해야 할 것을 해치울 때 소속감이 생기는 게 아니라, 마땅한 일조차 의견과 방식을 묻고, 과정을 격려하고, 결과를 함께 논의할 수 있는 사람이 있을 때 사람에 대한 연결, 일에 대한 애정이 깊어지는 것이죠.

댄 에리얼리는《마음이 움직이는 순간들》이라는 책에서 말합니다. 실험을 통해 사람에 대한 사랑과 관심이 성과에 엄청난 영향을 미치고 있다는 것이 증명됐지만, 사람들은 그것을 진정으로 깨닫고 있지 못하다고 말이에요.

우리는 나와 다른 동기의 차원에 있는 사람들과도 '의미와 연대감'에 대해 고민해야 합니다. 그리고 사무실 내에서 연구를 시작해야 합니다.

'당신은 팀 내에서 어떤 역할을 담당하고 있다고 생각합니까?', '이번 프로젝트에 참여하는 게 개인적으로 어떤 의미가 있습니까?', '내가 무엇을 도와주면 될까요?', '당신이 보여준 분석과 판단력은 인상적이었습니다' 하고 말하는 게 상대방의 마음에 어떤 영향을 미치는지 확인해보세요.

이때, 유의할 것이 있습니다. 충분한 인내심을 가지고 접근해야 합니다. 몇 번의 통찰력 있는 대화나 인상 깊었던 면담만으로 다음 날 '뭐든 열심히 하겠습니다'고 말하는 팀원을 만들 수는 없습니다. 사람의 마음속에는 '변화 욕구'도 있지만, 지금 익숙한 것을 계속 유지하고 싶어 하는 '항상성'도 있습니다. 그래서 사람을 변화시키기 위해서는 지식과 정보, 충분한 경험뿐 아니라 시간과 인내심도 필요합니다. 어쩌면 '언젠가는 된다'는 믿음을 갖는 게 가장 어려운 일일지도 모릅니다.

스티븐 코비는 《원칙 중심의 리더십》에서 "인간관계가 좋지 못할 때는 수십 문장에 이르는 말로도 의미를 전달할 수 없다. 의미는 말 속에서 찾는 것이 아니라 사람에게서 찾는 것이기 때문이다. 가장 효과적인 의사소통 방법은 일대일의 관계이다"라고 말했습니다.

당신이 아무리 '위기'와 '변화해야 하는 이유'를 목청껏 외쳐도 좋은 관계 없이는 어떠한 말로도 상대방에게 전달될 수 없습니다. 우리가 시작해야 할 첫 번째 일은 일대일의 신뢰 관계를 만드는 것입니다. '일의 과정'만 궁금해하지 말고, '마음은 괜찮냐?'고 물어보세요. '문제 없게 하라'고 강조하는 대신, '이 일에서 무엇을 중요하게 생각하고 있는지' 물어보세요.

"이것은 당신에게 어떤 의미가 있나요?"
"당신은 어떻게 받아들이고 있나요?"
"그럴 때 마음은 어떤가요?"

누군가의 동기를 자극하고 싶다면, 이러한 질문들이 좋은 시작이 될 수 있습니다. 이것에 대한 답과 상대방의 표정을 관찰하고 나면, 다음에는 무엇을 해야 할지 알 수 있을 것입니다. 상대방에게서 "그냥 하고 싶은 말 하세요", "그런 게 어디 있나요. 그냥 하는 거죠"와 같은 대답이 돌아온다면, 좋은 관계를 쌓는 것부터 다시 시작해야 합니다.

만약 이러한 질문에 상대방이 자신의 내면으로 걸어 들어간다면, 그때부터 내적 동기의 불빛은 빛나기 시작할 것입니다. 스스로 일의 의미와 가치를 돌아보면서 '나는 왜 이 일을 하고 있는가', '나는 무엇을 원하는가'에 대한 답을 찾으려 할 것입니다.

부속품이 되기를 원하는 사람은 없습니다. 언제든 대체될 수 있는 배터리가 되기를 바라는 사람은 없지요. 그 두려움과 회의감으로부터 사람들을 지키는 방법은 '의미와 연대감'에 대해서 함께 묻고 답하는 것입니다. 누구나 똑같이 답할 수 있는 질문을 통해서는 사람의 마음을 움직일 수 없습니다.

새로운 술은 새로운 잔에:
세대 차이

우리는 지금까지 많은 것들을 몸으로 부딪히며 이겨내왔습니다. 다양한 사람들과 얼굴 붉혀가면서, 부담스러운 목표를 짊어지고도 어떻게든 기지를 발휘해 휘청휘청 이곳까지 왔습니다.

그러나 이제는 상황이 달라졌습니다. 미래예측 전문가들은, 과거에는 10년에 걸쳐서 이루어졌던 변화가 요즘에는 1년 안에 발생한다고 하죠. 그동안의 경험으로는 대처할 수 없는 것들이 많아지고 있는 것이죠. 그중 하나가 바로 새로운 세대와의 소통입니다. "요즘 애들은 이해할 수 없어", "나 때는 안 그랬는데"라는 말들이 자주 들립니다.

강연장에서 리더들에게 '요즘 세대'에 대해 물으면 스펙도 좋고,

영어실력도 좋고, 확실히 똑똑하다고 이야기합니다. 자신도 옛날이라서 합격했지, 요즘 같으면 서류 전형에서 떨어졌을 거라는 우스갯소리도 합니다. 하지만 잠시 후 묵혀두었던 속내가 쏟아져 나오기 시작합니다.

'힘든 일은 안 하려고 한다, 우리는 선배가 가르쳐주지 않아도 몸으로 부딪치며 배웠는데 요즘 친구들은 도전 정신이 없다, 너무 쉽게 그만두려고 한다, 고민하지 않고 일단 알려달라고만 한다'는 등의 하소연이 주를 이룹니다.

개인주의라는 말도 빠지지 않습니다. 협력이 필요한 일이나 뒤에서 지원해야 하는 일에는 나서지 않는다는 것이죠. "그거 제 담당 아닌데요. 제가 왜 해야 하죠?" 하고 눈을 동그랗게 뜨고 말할 때면 어떻게 반응해야 할지 모르겠다고 합니다. 그래놓고 벌써부터 연차 계획 세우고 인센티브 챙기는 모습을 보면 '쟤만 저런가, 요즘 애들은 다 그런 건가' 하는 생각을 하게 된다고요. 회식을 잡으려 해도 눈치가 보이고, "소주 한잔할까?"라고 운을 떼도 "저 선약 있습니다"라고 선을 그어서 당황스럽다고요. 우리 때처럼 변명을 늘어놓지도 않아서 '회식도 업무의 연장이라고 배웠는데, 세상 참 많이 변했군' 이런 생각이 절로 든답니다.

얼마 전, 한 기업에서 강의를 진행했을 때였습니다. 누군가가 손을 들고 말합니다.

"제가 얼마 전에 희한한 전화를 받았습니다. 부서에 신입사원이 한 명 들어왔는데, 그 친구의 어머니가 전화를 하셔서 아들을 잘 부탁한다고 말씀하시더라고요. 그러면서 요즘 애가 힘들어하는데, 다른 일을 맡길 수 없냐고 하시는데… 당황스럽고 조금 어이가 없었습니다."

몇 년 전만 해도 이런 이야기를 들으면 '설마' 하며 웃었습니다. 하지만 이제는 강의를 나갈 때마다 비슷한 에피소드를 듣게 됩니다. 확실히 우리 때와는 다른 세대들인 것이지요. 이전 세대가 면대면 보고를 당연하게 생각했다면 요즘 친구들은 옆자리에서도 문자 보내는 걸 더 선호합니다. 우리가 발로 뛰었다면, 요즘 친구들은 인터넷 검색부터 먼저 합니다. 우리가 일을 통해 의미를 만들어가는 것이라고 배웠다면, 요즘 세대는 의미가 있어야 일을 시작합니다. 우리는 일을 맡기면 "네, 알겠습니다"고 말했지만, 요즘 친구들은 '왜' 그리고 '어떻게'를 묻습니다. 그리고 '혼나지 않으면 잘하고 있는 것이다'라고 믿었던 우리 때와 달리, 후배들은 칭찬을 받는 것에 익숙합니다.

저 역시도 요즘 세대의 특징을 분석한 책들을 종종 읽어보곤 합니다. 한 세대의 특징을 이해하기 위해서는 시대의 경제적인 상황,

그 집단이 경험했던 사회적 사건과 이슈, 부모의 양육 태도의 특징과 메시지 등 다양한 맥락을 이해할 필요가 있으니까요.

물론 성급한 일반화는 위험합니다. MZ세대라고 다 자기중심화 성향과 높은 권능감을 가진 것은 아닙니다. 오히려 낮은 자존감 때문에 힘들어하는 사람들도 상당히 많이 만납니다. 안정을 추구하는 세대라고 하지만, 이전과는 다른 방식으로 치열하게 사는 사람들도 많습니다.

가장 중요한 것은 변화의 방향을 읽어내는 것입니다. 즉, 이전 세대까지는 마음속에 담아두고만 있었던 것들을 요즘 세대는 밖으로 드러낸다는 게 변화의 가장 큰 흐름입니다. 예전에는 급하게 해결해야 할 일들 때문에 뒤로 미뤄두었던 것들을, 요즘 세대들은 같은 비중으로 바라봅니다. 근로시간을 따지고, 여행 계획을 세우고, 저녁이 있는 삶을 바라는 것. 우리도 원하던 것들이죠. 하지만 더 중요하다고 생각하는 것들이 있었기 때문에 보류해놓았던 것들입니다.

요즘 친구들은 그것을 미루어두지 않습니다. 그리고 그것은 개개인의 특징이라기보다는 세대적 특징이라고 볼 수 있지요. 그 물살을 거스르기는 어렵습니다. 정시에 출근해서 퇴근하는 것, 개인적인 약속이 있기 때문에 회식은 빠지겠다고 말하는 것, 개인 연차를 왜 쓰는지 묻지 말아달라고 요구하는 것 등의 태도가 요즘 세대에게는 그렇게 별난 것들이 아닙니다.

우리는 참았지만 이제는 달라졌습니다. 개인의 욕구, 감정의 자유로운 표현, 자율성을 존중받고 발휘하는 것 등이 훨씬 중요해졌고 지금 세대는 그것을 숨김없이 드러냅니다. 후배니까 참아야 한다는 말은 더 이상 통하지 않습니다.

간극을 줄이기 위해서

사실 리더들도 애쓰고 있습니다. 틈틈이 고기도 챙겨 먹이고, 요즘 친구들 입맛에 맞게 문화생활로 회식을 대체하고, 답답한 회의실 대신 카페에서 미팅을 시도해봅니다.

그러나 소고기를 아무리 먹여도 '그들의 마음'을 들여다볼 수 없다면 세대의 간극은 줄어들지 않습니다. 의미 있는 일을 하고 싶은 마음, 존중받고 싶은 마음, 인정받고 싶은 마음, 성장하고 싶은 마음을 알아달라고 계속 요구받을 테니까요. 그것에 대해 대화할 수 있어야 합니다.

얼마 전 한 기업의 신입사원 교육에서 "회사에 기대하는 것은 무엇인가요?"라고 물었더니 하나같이 '성장'이라고 답하더군요. 그들은 성장을 도와줄 코치들을 기대하고 있었습니다. "회사가 학교냐! 너희들이 알아서 배워야지!" 하고 윽박지르면 엇나갈 수밖에 없는 것이죠.

또 '선배들에게 기대하는 것'에 대해서는 '마음을 헤아려주는 것, 애정 어린 관심으로 지켜봐주는 것'을 꼽았습니다.

우리와는 다르게 멘토링과 코칭에 익숙한 세대들입니다. 학교 과제를 엄마와 함께하고, 대학교 면접과 입사 시험을 부모와 함께 치루었습니다. 협력과 공감의 대화에 익숙한 세대들에게 지시와 명령, 통제의 언어는 힘을 발휘할 수 없습니다.

부모의 엄한 통제 속에서 '도리'를 익혔던 세대들은 겸손과 수용을 미덕이라고 배웠습니다. 그러나 친구 같은 부모 밑에서 '밀착 지원 서비스'를 받아온 현 세대는 협력하고 때로는 경쟁하며 함께 성장하려고 합니다. 이런 관계 속에서 주로 사용해왔던 언어 방식은 '주장'과 '질문'입니다. 즉, "왜 그렇죠?", "저는 생각이 다릅니다", "잘 모르겠습니다"와 같은 말을 하는 게 별로 어렵지 않은 것이죠.

'우등상'이나 '개근상' 등 무엇인가를 성실히 잘해내야 상을 받았던 세대와는 다르게 요즘 친구들은 '미소상', '우정상' 등 각양각색의 상장으로 격려받고, 보상받고, 의미를 부여받아왔습니다. 따라서 칭찬받는 게 어색하지 않죠.

오늘을 희생해서 미래를 쟁취하려는 세대가 아닙니다. 오히려 '현재'에서 즐거움과 의미를 찾으려 하고, 사람들 간의 연결에 더 집중합니다. 할 말이 있으면 눈치 보지 않고 표현합니다. 그런 세대와 소통하려면 어떻게 해야 할까요?

그들에게 와닿는 말을 배워야 합니다. "우리 때는 더했어. 뭐 그 정도 가지고 그래. 나 죽었다 하면서 버텨봐!" 이런 말은 득이 되지 않습니다. "너 요즘 정신 못 차리지? 너 같은 애들 쌔고 쌨다. 그렇게 할 거면 때려쳐!"라고 독하게 자극하면, 정말 그만둡니다.

네, 알아요. 새로운 소통 방식을 배워야 하는 리더들도 고생입니다. 하지만 이것은 디지털 세상에서 살아남으려면 디지털 언어를 배워야 하는 원리와 같습니다. 생존하려면, 일을 하려면 요즘 세대가 사용하는 언어를 배워야만 합니다. 익히고 나면 유용하게 사용할 수 있습니다. 당신이 지금보다 할 수 있는 것들이 더 많아질 것이라는 뜻입니다.

그러니 더 늦기 전에 학습을 시작하세요. 듣기에 부족하더라도 후배들이 이야기할 때 집중하세요. 일의 의미와 방향을 생각할 수 있도록 질문을 던지세요. 그리고 가능성을 인정하고 자부심을 느끼도록 격려하세요. 용기를 가지고 도전할 수 있도록 피드백해주세요. 새로운 세대들이 알아듣는 '일의 언어'는 따로 있습니다.

비대면 시대에 필요한
말 공부

"비대면 시대, 우리에게 필요한 소통 능력은 무엇일까요?"

최근에 이 질문을 많이 받았습니다. 팬데믹 때문에 많은 것이 바뀌었기 때문이죠. 재택근무를 하고, 비대면으로 회의와 미팅을 하게 되었으니까요.

"처음에는 사실 생각보다 괜찮다고 느꼈어요. 회의도 하고 수시로 통화도 하니까요. 그런데 점점 걱정이 되기는 합니다. 이전에는 점심시간에라도 이야기를 하며 속사정을 나눴지요. 지금은 어딜 가나 거리두기를 하고 식당에서도 칸막이를 하니까 각자 핸드폰 하기 바빠요. 마음을 점점 더 알 수 없게 되더라고요."

전문가들은 비대면 시대가 될수록 사람의 마음을 이해하고 분석하는 일이 더욱 중요해질 것이라고 이야기합니다. 물리적 거리가 멀어질수록 '마음의 연결'은 더욱 중요해지죠.

저는 이 원리를 '마음의 방'으로 설명하고 싶습니다. 사람의 마음에는 방이 엄청 많습니다. 그중 하나가 '혼자 있고 싶다' 방입니다. 일하다 보면 사람이 힘들고 지겨울 때가 종종 발생하지요. 그럴 때면 그냥 편하게 혼자 일하고 싶다는 생각이 들죠.

그런데 실제로 그런 상황에 오래 처해 있게 되면 이번에는 다른 방의 문이 열리기 시작합니다. 바로 '함께하고 싶다' 방입니다. 이 방에는 사람들과 눈을 맞추고, 이야기를 나누고, 감정을 교감하면서 존재감을 확인하고자 하는 욕구가 들어 있습니다. 저녁에 맥주 한잔하면서 아이들 크는 이야기, 부동산 이야기 같은 일상의 시시콜콜한 이야기를 나누며 연결감을 느끼고 싶어 하는 것이죠.

이렇게 우리는 양쪽을 오가면서 마음의 균형을 유지하려고 합니다. 그런데 요즘처럼 사람들과 강제로 떨어져 있어야 하는 상황이 되면, '함께 있고 싶은 욕구'는 충족되질 않습니다. 연결감, 공유감, 소속감 등을 그리워할 수밖에요. 아무리 SNS를 통해 연결되어 있다 해도 그 속에서는 마음을 나누는 적극적인 대화가 이루어지기 힘들기 때문에 구멍을 메우기가 어렵습니다.

"그때 네 마음은 어땠어?"
"나는 이렇게 이해했는데 그게 맞아?"

마음을 나누는 적극적인 대화는 질문과 경청으로 이루어집니다. 묻지 않고서는 마음의 실체를 알 수 없고, 듣지 않고서는 다음 질문을 할 수 없습니다. 그런데 온라인상에서는 질문하지 않은 채 판단하거나, 듣지 않으면서 이해했다고 말하는 일이 종종 발생합니다.

업무에서도 마찬가지입니다. 온라인 툴로 회의를 진행할 수는 있지만 말 속에 숨어 있는 맥락을 알아채기란 쉽지 않습니다. "알았다"는 게 흔쾌히 동의한다는 뜻인지, 알기는 알았지만 선뜻 내키지 않는다는 것인지 확실하지 않습니다.

며칠 전, 저희 회사에서도 온라인 회의를 진행했었습니다. 누군가가 그날 안건에 대해 "가능성 있는 이야기입니다"라고 말하더군요. 그런데 이때 가능성 있다는 말은 정확히 무슨 뜻일까요? 더 발전시켜보자는 뜻일까요, 아니면 가능성은 있지만 아직은 시기상조라는 뜻일까요? 확인이 필요한 말입니다.

"가능성 있다는 말을 더 구체적으로 이해하고 싶은데, 설명해주겠어요?"

"그 가능성이란 구체적으로 어떤 것을 의미하나요?"

이 '가능성'에 대해 더 구체적으로 대화해야 합니다. '알아들었겠지' 하고 넘기지 말고 더 질문하고 경청해야 하죠. 그럴 때 비로소 차마 꺼내지 못했던 여러 가지 이야기들이 쏟아져 나옵니다.

❶ 비대면 대화의 조건 : 정확성

비대면 상황에서는 언어가 정확하고 정교해야 합니다. 만나서 대화할 때는 표정이나 뉘앙스 같은 비언어적 정보들도 많이 주어집니다. 그러나 비대면일 때는 모든 면에서 주고받을 수 있는 정보들이 부족해집니다. 그럴수록 지레짐작하며 대화하는 것은 아주 곤란하지요.

한 IT 기업에서 있었던 일입니다. 재택근무 중에 불통으로 인한 갈등이 생겼죠. 프로젝트 매니저가 '어플리케이션 모의 테스트를 중단하라'고 지시했는데, 중간관리자는 다르게 이해해서 많은 사람들이 2주 동안 불필요한 모의 테스트를 진행하게 된 것이죠. 그 일은 나중에 팀장에게까지 보고되었는데, 중간관리자는 '중단 지시'를 받은 적이 없다고 말했습니다.

이런 일은 도대체 왜 생기는 것일까요? '중단하라'는 말은 지극히 쉬운 단어입니다. 이해하기 어려운 단어가 아니죠. 그런데 왜 한쪽은 말했다고 하고, 다른 한쪽은 듣지 못했다고 하는 걸까요?

정확하게 의사소통하지 않았기 때문입니다. 프로젝트 매니저는 '중단'의 뉘앙스를 가진 용어들을 사용해서 자신의 의사를 전달했습니다. '비효율적이다', '바람직하지 않다', '되도록 빨리'와 같은 단어로요. 그것을 들은 중간관리자 또한 그 지시를 나름의 기준으로 추측했을 뿐, 자신이 이해한 게 맞는지 다시 확인하지 않았습니다. 당장 테스트를 멈추라는 뜻인지, 이번 테스트만 진행하고 지켜보자는 뜻인지 정확하게 짚고 넘어가지 않았죠.

이들이 이런 방식의 대화를 주고받은 것은, 언어의 문제이기도 하지만 동시에 관계의 문제를 드러내는 것이기도 합니다. 서로에게 자신의 의사를 정확하게 전달해도 된다는 신뢰가 없었기 때문이죠. 나중에 알고 보니, 프로젝트 매니저는 중간관리자를 불편하게 생각하고 있었습니다. 자신을 따르지 않는다고 생각했던 것이죠. 자신의 의견에 반발하고 팀원들 간에 갈등을 일으킨다고 생각했습니다. 그래서 가급적 논쟁을 피하고자 의사를 돌려 말했던 것이죠. 반대로 중간관리자는 프로젝트 매니저가 자신을 무시한다고 생각했습니다. 지난번 회의 때, 후배들이 있는 자리에서 자신의 의견을 단칼에 잘라버렸으니까요. 게다가 그의 의사결정 과정을 더디다고 느꼈지만 말해봤자 소용없다고도 생각하고 있었습니다. 그러니 세세하게 제대로 된 보고를 할 리가 없었죠.

물론 갈등으로 인한 불통은 대면 상황에서도 일어납니다. 그러나 비대면 상황에서는 더 많은 정보들이 축소되고 왜곡되기 쉽습니다. 자발적 소통의 기회도 줄어들고요. 게다가 사람이 불편해지면, 대화는 더 축소되고 왜곡될 가능성이 높아집니다. 그야말로 관계가 어그러지면 일도 무너지게 되는 것입니다.

❷ 비대면 대화의 조건 : 안전성

비대면 상황에서의 말하기는 지켜야 할 기본을 확실히 지키는 게 아주 중요합니다. 그중 하나가 바로 상호 안전성을 제공하는 방식으로 대화해야 한다는 원칙이죠.

소통의 정확성을 높이려면, 상대방의 말 속에 공격성이 없다는 확신이 필요합니다. '우리는 한 팀이고, 이곳에서는 자유롭게 이야기할 수 있다'는 경험이 필요하죠. 안전한 말하기의 핵심은 바로 자신이 공격받지 않는다고 느끼는 데 있습니다. 생각과 의견이 달라도 비난받지 않을 때, 말하는 사람의 감정과 욕구가 존중받는다고 느껴질 때 사람들은 숨기려고 하지 않습니다.

이해가 되지 않을 때에도 상대방의 '그럴 만한 이유'를 찾아보는 것, 실력이 부족한 부분이 드러날 때도 상대가 겪는 어려움을 인정하는 태도가 필요합니다. 일이 뜻대로 안 될 때에도 사람에게 손가락을 겨누지 않을 때 소통의 안전성은 높아집니다.

일을 할 때 '몰라서'가 아니라 '공유되지 않아서' 생기는 어려움들이 많습니다. 안전하게 대화할 수 있어야 각자의 진실들이 수면 위로 떠오릅니다. 그것이 비록 당신이 기대한 수준이 아닐지라도 그렇게 해야 합니다. 그래야 숨어 있던 문제들이 드러나고, 관점의 차이가 확인되고, 새로운 것을 시도할 힘이 생깁니다.

❸ 비대면 대화의 조건 : 공감력

비대면 상황에서는 이전보다 더 높은 공감능력이 요구됩니다. 먼 거리에 있는 사람과 소통하기 위해서는 감정을 느끼고, 마음을 표현하는 능력이 중요해지기 때문이죠.

〈하버드 비즈니스 리뷰〉에서, '원격근무에 잘 적응하는 사람의 특징'이라는 기사를 본 적이 있습니다. 연구진들은 '적응력'이 높은 사람들이 원격 소통에 더 적합할 거라 예상했지만, 정작 뚜껑을 열어보니 '원만성'이 높은 사람들이 더 잘해냈다고 합니다. 여기서 높은 원만성이란 공감을 잘하는 능력, 불편한 상황과 마음을 잘 감지하고 대화할 수 있는 능력 등을 뜻합니다.

리더에게도 높은 원만성이 요구됩니다. 보고서에는 나타나 있지 않은 사람의 마음을 읽어내야 하고, 서운함과 실망감과 불안함을 감지하고, 동기와 에너지의 변화를 알아차려 그것에 대해 이야기할 수 있어야 하기 때문입니다.

정확성과 안전성, 공감력은 사실 서로 긴밀하게 연결되어 있습니다. 정확하게 소통하기 위해서는 관계를 안전하게 느껴야 하고, 그 안전성은 잦은 교류와 공감에서 비롯되니까요. 이 세 가지 요소는 그동안 당연하다고 여겨져왔던 원칙들이지만 비대면 상황에서 대화를 할 때는 훨씬 더 중요해집니다.

이제는 강력한 한 사람의 에너지로 여러 명을 끌고 갈 수 있는 시대가 아닙니다. 각자의 방식을 존중하면서 서로가 서로에게 긴밀하게 연결되어 있을 때 진짜 동력이 생깁니다. 그리고 그러한 소통 방식은 영향력의 범위가 넓은 리더로부터 시작되어야 합니다. 리더의 말이 사람을 담을 때 사람들 간의 소통은 안전해지고, 그러한 분위기 속에서 정확성을 높여갈 때 먼 거리에서도 '우리는 함께 일하고 있다'고 느낄 수 있습니다.

리더의
말 그릇

《소방관의 선택》이라는 책을 재미있게 읽은 적이 있습니다. 코헨-헤턴이라는, 영국에서 가장 지위가 높은 여성 소방관이 자신의 의사결정 과정을 담은 책이죠. 실제 사례들이 종종 등장하는데, 그중 실전처럼 설계된 모의화재 현장을 모니터링한 후 그녀가 현장을 지휘한 후배에게 남긴 평가가 인상적입니다.

"제임스가 이해하지 못하는 게 하나 있다. 지휘를 맡겠다고 자발적으로 나섰다고 해서 동료들이 그를 지휘관으로 인정한 것은 아니다. 실제로 그는 팀과 완전히 분리되어 있다. 아무도 그와 눈을 마주치려 하지 않는다."

제임스는 스트레스가 높은 상황에서도 제대로 화재를 진압하는 모습을 보여주고 싶었습니다. 그래서 다소 강압적인 행동을 취했지요. 문제를 한 번에 해결하기 위해서 고압적인 태도로 일사불란하게 지시했습니다. 그러는 과정에서 팀원들의 말을 잘랐고, 다른 의견을 묵살했습니다. 그 결과 중요한 보고들이 늦어졌고, 화재 원인에 대한 다른 가능성을 보지 못하고 터널시아에 빠졌습니다. 가장 중요한 것은 팀원들의 신뢰를 얻지 못했다는 점이지요. 안타깝게도 제임스는 그 평가에서 탈락했습니다.

스트레스가 높고 상황이 힘들수록, 시간이 촉박하고 예산의 압박에 짓눌릴수록 우리가 한 팀이라는 사실을 기억하는 것은 쉽지 않습니다. 그럴 때, 리더는 갈림길에 섭니다. 나를 더 드러내고 보여줄 것인가, 아니면 상대방이 더 드러나도록 도울 것인가. 저 역시 급할수록 돌아가라는 말에는 동의하지 않습니다. 급할 때는 지름길로 가야죠. 하지만 사람의 마음을 놓고 가는 것에는 반대합니다.

어제 강연장으로 향하는 길에, 전화 한 통을 받았습니다. 업무보고 전화였지요. 직원의 목소리에 군데군데 한숨이 배어 있었습니다. 갑자기 할 일이 늘어나 버거웠던 탓이지요. 그런데 순간적으로 '이 정도 가지고 저렇게까지' 하는 생각이 들더군요. 요 며칠 마무리가 허술했던 일들도 생각났고요.

저는 불안한 마음에 갑자기 '다다다다' 반격을 시작합니다. 그러자 전화기 너머로 들려오는 말수가 줄어들더니 "네, 알겠습니다"라는 대답이 서둘러 들려왔습니다. 저는 그제야 말을 멈추었습니다.

"내가 마음이 급해서 실장님 마음을 놓고 갈 뻔했네요. 조절하면서 하고 싶은데 한꺼번에 일이 떨어지니 마음이 급하고 불안하죠?"

상대방은 그제야 웃습니다. 저에게 미처 말하지 못했던 속내를 털어놓습니다. '안전함을 느낀다'는 신호였지요.

직원의 제안이나 의견이 마음에 안 들 수도 있습니다. 해결할 수 있는 게 있는 반면, 당장 방법이 없는 것도 있을 수 있고요. 동의하는 것도 있고, 엉뚱하다고 생각되는 것들도 있겠지요. 그럴 때는 그 말에 걸려 넘어지지 않도록 노력하면서 상대방의 마음을 따라가보세요. 그러다 보면 투명한 대화를 주고받을 수 있게 됩니다. 고마움과 미안함에 관하여, 숨기고 싶었던 두려움까지도. 새로운 요청과 대안이 나오기도 합니다. 리더가 감정과 의도를 묵살하지 않을 때, 후배들도 리더의 마음을 모른 척하지 않습니다. 말 그릇이 큰 리더는 그 시간을 버티어낼 수 있습니다.

넉넉한 말 그릇이 있다면

말 그릇이 큰 리더는 회의 테이블 너머로 사람의 마음을 살필 줄 압니다. 대화가 공격과 방어, 비난과 추궁으로 흘러갈 때 이것이 우리가 원하는 목적지가 아니라는 것을 인식합니다. 그리고 대화의 방향을 바꾸기 위해서 숨은 마음을 꺼내 놓아야 한다는 것도 알고 있습니다. 이때 마음을 꺼내 놓는다는 뜻은, 구체적으로 다음 세 가지 능력이 있다는 것을 의미합니다.

말 그릇이 큰 리더는 자기 마음을 알아차리는 능력이 있습니다. 마음을 알아차린다는 것은 자신의 속마음에 귀를 기울인다는 뜻입니다. 여러 감정이 스쳐 지나갈 때 진짜 감정(핵심 감정)을 포착합니다. 순간적인 짜증과 분노가 밀려올 때조차 그 신호를 이해하고, '내가 원하는 것이 무엇인가?'라고 스스로에게 질문할 수 있습니다. 마음의 좌표를 정확하게 알고 있으면 쉽게 흔들리지 않습니다. '말하기'에 급급한 사람은 할 수 없는 일이지요. 이기고 지는 것, 맞고 틀린 것에만 신경 쓰느라 자기 마음에 집중하지 못하는 리더는 핵심 감정과 욕구를 구분하기 어렵습니다. 그래서 상대방의 말 한마디에 압도되어버리거나 화를 내면서 말을 쏟아내느라 핵심을 벗어나게 됩니다.

말 그릇이 큰 리더는 타인의 마음을 소화하는 능력이 있습니다. 삼키기 어려운 말을 잘게 부수고 녹이는 방법을 알고 있지요. 동시에 많은 정보 속에서 의미 있는 단서들을 추려내는 예리한 눈을 가졌습니다. 스쳐 지나가는 서늘한 표정, 피하고 싶어 하는 몸동작, 주저하는 입 모양을 살필 줄 압니다.

말 그릇이 큰 리더는 대부분의 사람들이 자신의 감정과 욕구를 알아차리는 데 미숙하다는 것을 알고 있습니다. 귀로 들어오는 정보가 전부가 아님을 아는 것이죠. 화를 내는 사람에게서 두려움을 읽어내고, 도망가는 뒷모습에서 자기보호의 욕구를 발견합니다.

말 그릇이 큰 리더는 마음과 말을 연결시키는 능력을 가지고 있습니다. 말로 산통을 깨지 않습니다. 그들의 언어는 따뜻하고 명확합니다. 정확하지만 날카롭지 않고, 인간적이지만 느슨하지 않습니다. 공감하고, 격려하고, 질문하고, 주장하고, 요청하는 기술을 적절하게 사용합니다. 의견을 받아들일 수 없다고 해서 무시하지 않고, 문제를 깨닫게 해주겠다고 감정 폭력을 휘두르지도 않습니다. 말 그릇이 큰 리더와 대화할 때는 일과 관계 둘 중에서 하나를 선택할 필요가 없습니다. 좋은 관계를 통해서 일에 더 집중할 수 있고, 일을 하면서 함께 성장하기 때문에 시간이 지날수록 두터운 믿음이 쌓입니다.

당신은 어떤가요? 대화가 불편하게 흘러갈 때도 자신의 마음을 알아차리고, 타인의 마음을 소화시키며, 마음과 말을 연결시키는 대화를 할 수 있나요?

'나는 워낙 성격이 욱해서 안 되겠네…', '나처럼 무뚝뚝한 사람은 절대 그런 말 못하지…' 하고 미리 실망하지는 않았나요?

넉넉한 말 그릇은 재능의 영역이 아닙니다. 그것은 학습의 영역입니다. 원리에 대한 이해, 맥락을 살피는 유연성, 분위기를 감지하는 민감함, 실행에 옮기는 용기, 실패해도 포기하지 않는 인내 등이 필요한 일이라 처음부터 잘하는 사람은 아무도 없습니다.

제가 만났던 리더들은 정확하지만 유연하지 못했고, 화통했지만 거칠었으며, 섬세하지만 신경질적이었고, 부드러웠지만 우유부단했습니다. 우리는 다 그런 면들을 가지고 있습니다. 동전의 양면처럼 말이지요. 말 그릇을 키운다는 것은 지금의 나를 뜯어고치는 일이 아닙니다. 다른 사람이 되거나 완벽한 사람이 되어야 하는 것도 아닙니다. 오히려 부족하고 한계를 지닌 자신을 이해하고 받아들이는 과정에 가깝습니다.

예를 들어 '아! 나는 계획대로 안 되면 쉽게 발끈하구나', '이런 상황일 때 긴장하고 시야가 좁아지는구나' 하면서 자신을 이해하는 과정입니다. 그리고 이것에 익숙해지면, 다시 또 비슷한 상황이 발생했을 때 '아! 내가 또 긴장했네. 한숨 돌리고 대화해보자'라고 자신을 다독일 수 있습니다.

관주위보(貫珠爲寶)라는 말이 있습니다. '구슬이 서 말이라도 꿰어야 보배'라는 뜻이지요. 아무리 재료가 좋아도 그것을 제대로 엮지 않으면 아무 쓸모가 없다는 의미입니다. 저는 이 속담을 '리더십과 말의 관계'에 대입해 생각해보았습니다.

조직문화, 시스템, 인력, 보상, 근무환경… 리더십에 영향을 미치는 요인들은 너무나 많습니다. 그러나 그런 조건들을 꿰어 결과를 만들어내는 것은 결국 '리더의 말'입니다. 따라서 리더라면 누구나 반드시, '말'에 대해 제대로 배워야 하는 것이죠.

우리는 자신의 선택과는 상관없이 매순간 리더가 되기를 요구받고 있습니다. 원하지 않아도 경험이 쌓이고, 나이를 먹으면 누구나 자연스럽게 그러한 요구를 받게 됩니다.

그러니 '나의 말 그릇은 잘 자라고 있는지' 스스로 점검해보기를 바랍니다. 당신이 하는 말의 영향력을 다시 한번 고민해보고, 나의 말이 시간에 따라 유연하고 단단하게 여물어가고 있는지 되돌아봤으면 합니다. 당신이 가는 길에 '당신과 함께해서 좋았다'는 사람이 한 명이라도 늘어나기를 바랍니다. 가시덤불 같은 일터에서 믿고 대화할 수 있는 사람이 되기를, 그리고 당신의 곁에도 그러한 사람들이 머물기를 바랍니다. 그래서 당신의 마음도 조금 더 따뜻해지기를 바랍니다.

리더의 말그릇

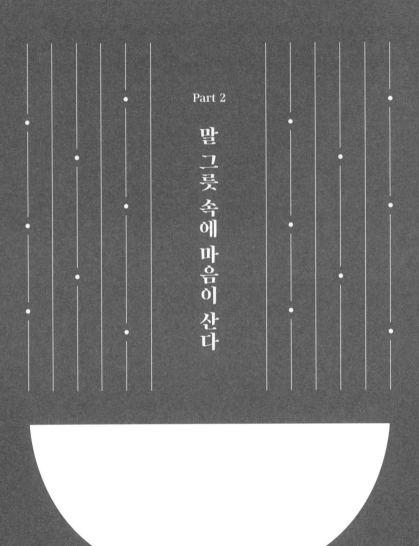

Part 2

말 그릇 속에 마음이 산다

말과 마음의
관계

"넌 항상 조금씩 늦더라. 정신 차리고 빨리빨리 마무리하자."

"이거 여러 번 주의준 거 아니야? 언제까지 내가 다 챙겨야 하니?"

오늘따라 선배의 말이 날카롭습니다. 고양이 목에 방울 다는 심정으로 '무슨 일 있냐'고 물어도 별 다른 말이 없습니다. 그러나 평소와 다르게 차갑고 예민하니 주변 사람들이 모를 수가 없지요. 솔직히는 '또 시작이구나' 싶습니다.

평소에 그 선배는 후배들을 세심하게 챙기고 배려하는 편입니다. 고민이나 힘든 점은 없는지 먼저 묻고 잘 들어줍니다. 야근할 때도 배곯고 일하지 말라며 밥도 잘 사주는 편이고, 후배 생일도 기억해서 챙겨줍니다. 그런데 이렇게 세상 다정하고 허물없는 사람처럼 굴다가도 기분이 나빠지면 순식간에 태도가 바뀝니다. 감정이 상하면 말의 온도가 급격하게 낮아집니다. 인사를 받지 않거나 아무 말 없이 혼자 식사를 하러 나가는 일도 있고요.

이런 상황에서 그에게 보고를 해야 할 때면 후배들의 마음은 너무 불편합니다. 탕비실에 모여서 "왜 그래? 무슨 일이래?"만 반복할 뿐 정답을 아는 사람은 없습니다. 그 선배는 오늘따라 왜 이렇게 까칠할까요?

사실 그의 마음 한구석에는 늪지대가 있습니다. 물이 고여 있는 그곳은 대개 어둡고 뿌옇습니다. 축축한 진흙이 쌓여 있어 발을 잘못 딛으면 빠져나오기 힘들죠.

사람의 마음에는 이렇게 늪지대가 존재합니다. 그곳에는 해결되지 못한 상처, 숨겨둔 이야기들이 삽니다. 괜찮다가도 어떤 상황, 특정 감정과 생각에 빠지면 자신도 모르게 빨려들어가죠. 늪지대에 발목이 잡히면 말이 좋게 나가기 어렵습니다.

위의 사례에 등장한 선배는 어떤 늪지대를 가지고 있을까요? 그는 종종 억울함을 느낍니다. '나중에 돌려 받아야지' 하고 계산하면서 잘해주는 것은 아닙니다. 그런데 베푼 마음을 몰라주면, 작은 서운함들이 쌓여서 막 억울해집니다. '아무도 내게 관심 없어!',

'항상 나만 베풀어야 해!' 하는 생각까지 더해지면 화가 납니다. '이러지 말아야지' 하는 생각 때문에 대놓고 말하기도 뭐합니다. 그는 이렇게 '억울함'과 '분노'라는 감정, '사람들은 나에게 관심 없다'는 생각의 늪에 빠질 때 말이 자꾸 날카로워집니다. 말해놓고 금방 후회하지만, 그 순간만큼은 참기 어렵습니다.

리더가 다른 사람의 마음보다 자신의 마음을 먼저 돌봐야 하는 이유도 여기에 있습니다. 당신의 말이 건강한 방식으로 표현되지 않는다면 그리고 그것이 반복된다면 마음속에 그럴 만한 이유가 있는 것입니다.

말은 마음에서 나옵니다. 혀끝에서 나오는 게 아니라, 내 안의 깊은 곳으로부터 시작됩니다. 비전을 제시하고, 설득하고, 직원들의 동기를 자극하는 말의 힘은 기술로 완성되지 않습니다. 비전을 외칠 때 멍하니 있는 직원을 보면서도 불편한 마음을 감당하는 능력, '저는 당신과 달라요'라고 말하는 사람을 편안하게 바라볼 수 있는 능력이 준비될 때 비로소 '리더의 말'이 완성됩니다.

실패한 대화를 떠올려보세요. 본래 하려던 말은 따로 있었습니다. 그것이 마음의 이곳저곳을 거치는 동안 바뀌고, 숨겨지고, 왜곡되면서 결국 괜한 소리가 되어 나오는 것이죠. 그렇게 발화된 말은 처음의 의도와는 많이 달라집니다. 더 가까운 관계가 되고 싶다는 마음이었는데 비난처럼 들리기도 하고요, 포기하지 말고 잘해보라고 시작한 말인데 빈정거리고 잘난 척하듯이 들리기도 합니다.

예전에 저와 함께 일했던 한 선배는 사람들을 평가하는 발언을 자주 했고, 앞에서 대놓고 면박을 주었습니다. 수재들이 모였다는 대학교를 졸업한 그는 일할 때 누가 실수라도 하면 "그래서 사람이 똑똑해야 해"라고 말하곤 했지요. 후배들은 그 선배 앞에서 유독 긴장했습니다.

그러나 술자리에서 이런저런 이야기를 하다 선배의 마음에 있는 늪지대를 보았습니다. 그는 사람들과의 깊은 관계를 두려워하고 있었습니다. 워낙 엄한 가정에서 자라 살가운 관계의 경험이 부족했습니다. 무엇보다 자신이 똑똑한 것 빼고는 별 대단한 게 없는데, 그게 다 들통날까 봐 두렵다고 하더군요. 사람들과 좀 거리를 두더라도 지금이 편하다고 했습니다. 회사에서 대화 훈련을 받을 때도 '이런 거 다 소용없다'는 식으로 굴었던 게 떠올랐습니다.

돌이켜 보면, 어떠한 말의 기술도 선배의 말을 바꾸어놓지는 못했을 거라는 생각이 듭니다. 마음을 들여다볼 준비가 되어 있지 않으면 마음속의 늪지대를 건널 수 없으니까요.

느끼고 생각하는 것을 제대로 꺼내놓지 못하면 말은 순환되지 않습니다. 감정이 불편해질 때마다 뾰족한 말이 쏟아진다면 먼저 자신의 마음을 들여다보세요. 말과 마음의 관계를 이해하면 더 좋은 길을 선택할 수 있습니다.

리더가 자신의 마음을 들여다볼 줄 알면, 내면에 힘이 생깁니다. 관계와 대화에 문제가 생겼을 때 덮어놓고 상대와 상황을 탓하기보다 고개를 숙여 자신을 돌아보게 되면 오히려 통제와 선택의 힘이 커집니다. '누구 때문이다'고 생각하면 억울해질 뿐이지만, '내가 이 상황을 바꿀 수 있다'고 믿으면 내면에 힘이 모아집니다. 실패를 돌아보고 배워나가려 할 때 사람에게는 무게감과 중심점이 생깁니다.

의사소통 능력과 자기감의 관계를 강조했던 버지니아 사티어는 '일치형(congruence) 의사소통'을 성숙한 대화라고 설명했습니다. 일치형이란 자신, 상황, 상대가 모두 연결되어 있는 상태를 말합니다. 자신만 드러내거나, 상황만 주시하거나, 상대의 눈치만 보지 않고 모두를 고려해서 말하는 것을 의미하죠. 그러기 위해서는 자신의 내면과 말을 일치시키는 것부터 시작해야 합니다. 말의 근원인 마음, 자신이 느끼고 생각하고, 바라는 내면의 신호들을 인식해야 말이 엉뚱하게 나오지 않습니다. 그래야 비난하거나 피하거나 빈정거리거나 복종하지 않고 대화를 시작할 수 있습니다.

자신의 마음을 이해하는 사람은 타인의 마음을 깊게 들여다봅니다. 말의 그림자와 사각지대를 알아채고, 자연스럽게 사람을 품습니다. 이렇게 마음을 담아내는 실력이 커질 때 말 그릇은 시나브로 크고 깊어집니다.

마음의
구성 요소

내면과 말을 일치시키기 위해서는 마음의 구조와 원리를 아는 게 도움이 됩니다. 많은 심리학자들이 마음을 설명하기 위한 다양한 이론들을 제시하고 있지만, 여기서는 버지니아 사티어의 '빙산 이론'을 알아보고자 합니다.

빙산의 특징은 겉으로 드러난 부분보다 숨겨진 부분이 훨씬 크다는 것이죠. 한 사람을 이해하는 과정도 이와 비슷합니다. 말과 행동을 통해 짐작할 수 있는 것들도 있지만 그것에 영향을 주는 거대한 실체는 물밑에 잠겨 있습니다. 그것을 우리는 마음속이라고 부릅니다. 늪지대도 바로 이곳에 존재합니다.

'빙산 이론'에서는 물 밖으로 드러난, 즉 눈에 보이는 부분을 '행

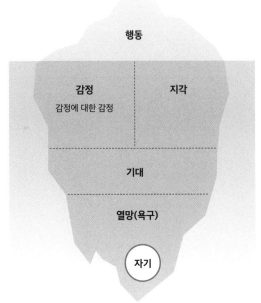

행동

감정
감정에 대한 감정

지각

기대

열망(욕구)

자기

사티어의 빙산 모델

동'이라고 칭합니다. 마음의 원리를 모르는 사람들은 행동에만 집중할 뿐 그 이면은 알아보려고 하지 않습니다. 관찰했다고 '착각한' 행동이 진실의 전부라고 믿고, 코끼리 다리를 보면서 코끼리를 보았다고 오해하곤 하지요.

그런데 사실, 행동을 제대로 관찰하는 것도 꽤나 어려운 작업입니다. 찡그린 표정을 보면 '얼굴을 찡그렸네' 하고 보이는 사실 그대로 해석하기보다 '저 사람 표정이 왜 저래?', '지금 기분 나쁘다는 거야?' 하는 식으로 판단하게 되기 때문이죠.

말 그릇을 키우기 위해서는 우선 성급하게 판단하지 않으면서 행동을 관찰하는 능력을 키워야 합니다. '해석하기' 대신 '기술하기'를 연습해야 합니다. 질문이 없는 신입사원을 보면서 '열정이 없군' 하고 판단하는 대신 '질문하지 않았다'는 그 사실만 받아들이는 것이죠.

그다음으로는 보여지는 것 이면을 들여다보아야 합니다.《어린 왕자》에 나오는 여우의 대사처럼 중요한 것은 눈에 보이지 않으니까요. 이때 필요한 것은 민감함과 탐험 정신, 무엇보다도 인내심과 겸손함입니다.

당신과 말의 관계를 살필 때도 마찬가지입니다. 말이 엉뚱하게 흘러나온다면, 말투만 바꾸려 하지 말고 물밑을 살펴보세요. '중요한 것이 있다'는 믿음으로 빙산의 숨겨진 부분을 살펴봐야 합니다.

❶ 감정

감정은 마음의 핵심 요인입니다. 어떤 자극에 노출될 때 마음속에는 수시로 감정들이 생깁니다. 이때 감정은 알람의 역할을 합니다. 사티어는 '온도계' 역할을 한다고 표현했죠. 우리의 현재 상태를 알게 해주는 신호라고 이해하면 됩니다. 부정적인 것이든 긍정적인 것이든, 어떠한 감정을 감지하고 그에 맞게 대처하면 별문제가 생기지 않습니다. 모든 것을 '분노'로 받아들이지 않고 감정을 구분할 줄 아는 사람, 서운함을 느낄 때 그 감정을 억울함이나 수치심으로 둔갑시키지 않는 사람, 필요하다면 상대방에게 '그 말을 들으니 좀 서운해'라고 감정과 말을 일치시켜 표현하는 사람은 건강한 대화를 할 수 있습니다.

반대로 특정 감정을 느끼지 못하거나, 일부러 피하거나, 과도하게 반응하거나, 특정 감정에 대해 잘못된 믿음을 가진 사람들은 자신의 진짜 감정과 접촉할 수 없습니다. 알람이 고장 난 셈이죠. 그렇기 때문에 적절한 대응을 하기도 어려워집니다. 손해가 될 줄 알면서도 순간을 참지 못하고 말해놓고 후회합니다.

감정을 대화의 좋은 재료로 사용하려면 감정과 친숙해지려는 노력이 필요합니다. 감정에 대한 잘못된 믿음이 있는지 살피고, 다양한 감정에 이름을 붙여보고, 감정이 생기고 해소되는 과정을 이해해야 합니다. 불편한 감정을 조절하는 방법도 익혀서 실전에 적용해야 합니다.

❷ 감정에 대한 감정

어떤 사람은 비교적 편안하게 넘기는 일에 대해서, 왜 누군가는 몸을 바들바들 떨 정도로 분노하는 것일까요? 왜 남보다 더 강하게 진동하는 것일까요? 바로 '감정에 대한 감정' 때문입니다.

우리는 실시간으로 감정을 느끼고 평가합니다. 이때 감정을 차별하지 않고 자연스럽게 받아들이는 사람은 생각보다 많지 않아요. '이 감정은 좋아, 이것은 나빠, 이 정도는 괜찮아, 이것은 절대 안 돼' 하면서 감정에 대해서도 편애를 합니다. 특히 부정적인 감정, 불편한 감정을 다루는 것을 무척 어려워합니다.

아무도 자신에게 '식사는 했냐'고 물어보지 않아서 서운할 때, 그 감정을 편안하게 받아들이지 못하고 서운함이라는 감정을 스스로 평가하면서 또 다른 감정을 만들어내는 식입니다.

'서운함을 드러내는 것은 너무 창피해.'

'서운함은 약한 사람이나 느끼는 거야. 또 이런 상황에 처하다니 수치스러워!'

이렇게 되면 감정의 톤이 완전히 바뀌어버립니다. 분명 좀 전까지는 그냥 서운한 정도였는데, 갑자기 필요 이상의 부끄러움, 수치심, 화를 느끼게 됩니다. 그러니 표정도 거칠어지고 말투도 공격적으로 변하게 됩니다.

사람마다 감정을 평가하는 방식은 다릅니다. 개인의 기질과 환경적 요인들이 오래도록 영향을 주니까요. 그리고 늪지대는 바로 이런 곳에 생겨납니다.

감정은 '자기감'의 중요한 단서가 됩니다. 감정과 어색한 관계를 맺거나, 수용하지 못하고 휘둘리게 되면 스스로를 괜찮은 사람이라고 느끼기 어렵습니다. '내게 뭔가 문제가 있다'고 느끼게 되거든요. 따라서 리더는 자신이 다루기 어려운 감정이 무엇인지 알아야 합니다. 자신이 그 감정을 어떻게 평가하고 있는지, 왜 그렇게 평가하게 됐는지를 이해하는 게 필요합니다.

❸ 지각

감정과 함께 고려해야 하는 것이 바로 지각 방식입니다. 자극이 곧바로 감정을 불러일으키는 것 같아도 사실은 개인의 신념, 인지 방식, 가치, 도식, 고유의 관점 등이 그 시스템에 함께 관여합니다. 같은 상황에서도 사람마다 다른 반응을 보이는 것은, 이러한 지각 방식이 모두 다르기 때문이지요.

서운함을 느낄 때 '바빠서 그런 거지'라고 해석하면 화날 일이 없습니다. 그런데 '사람들이 받을 줄만 알았지, 잘해줘도 소용없어', '역시 아무도 내게 관심이 없어'라고 풀이해버리면 이것만큼 서러운 경우가 없는 것이죠.

이렇게 한 사람의 지각 방식을 좇다 보면 개인의 '인생 주제'와 만나게 됩니다. '하필 그렇게 해석한 이유'들을 모으다 보면 어떤 공통점을 발견하게 되죠. 그것이 곧 당신을 이해하는 고유한 키워드가 됩니다. 저는 이러한 지각 방식들을 '공식'이라고 부릅니다.

인지심리학에서는 어떤 자극과 마주할 때 자동으로 떠오르는 생각들(자동적 사고), 옳다고 믿는 신념(신념 체계), 비합리적으로 사고하는 방식(인지적 오류)들을 이해한 후 합리적인 선택을 하면 감정과 행동의 변화를 이루어낼 수 있다고 말합니다. 그러니 동일한 구간에서 늪지대에 빠지지 않으려면 자극이 유발될 때 내가 어떤 공식을 동원하는지 알아차려야 합니다. 그것만으로도 반복된 실수를 피할 수 있습니다.

❹ 열망과 기대

열망은 수면 아래 깊은 곳에서, 사람의 말에 강력한 영향을 미칩니다. 열망이란 원하는 것, 바라는 것, 기대하는 것 등을 뜻하죠. 이 책에서는 욕구와 비슷한 개념으로 사용됩니다. 욕구는 보편적입니다. 사랑받고, 소속되고, 연결되고, 성취하고, 즐거움을 누리고, 힘을 느끼고 싶은 욕구는 모든 사람에게 존재합니다. 우선순위는 다를 수 있지만, 예외 없이 누구에게나 아주 자연스러운 것이죠.

이러한 열망은 기대를 만들어냅니다. '~정도는 해줄 거야'라는 바람을 만들어냅니다. 여기서 또 하나의 늪지대가 생깁니다. 왜냐하면 대부분의 사람들이 '원하는 것'을 명확하게 드러내지 않으면서 대화하기 때문이죠. 은근히, 간접적으로, 에둘러 말하면서 상대가 알아주기를 기대하는 경우가 많습니다.

욕구를 충족하는 방식 또한 저마다 다릅니다. 그런데 방식의 차이가 생기면, 상대의 욕구를 인정하기 어려워집니다. '너도 잘하고 싶지' 대신, '그래도 그건 안 돼'라는 말이 먼저 나옵니다.

리더는 자신의 기대와 열망을 이해하고, 그것을 끌어올려서 대화에 풀어놓을 수 있어야 합니다. 말하지 않으면서 알아주기를 기대하기보다 사람들이 알아듣는 언어로 표현해야 합니다. 또한 자신과 타인의 의견이 상충될 때 방식이 '다르다'에 집중하는 대신, 열망은 '같다'는 사실을 떠올려야 합니다. 저마다 가진 '긍정적인 욕구'를 찾아 대화를 통해 풀어가야 합니다.

❺ 자기

사람들은 저마다 자신에 대한 상을 가지고 있습니다. 나는 어떤 사람인지, 어떤 사람이 되고 싶은지에 대한 특정한 이미지를 가지고 있죠. 사티어는 이 '자기'라는 개념을 아주 중요하게 생각합니다. 의사소통의 문제점을 뿌리까지 들여다보면 결국 이 '자기감'에 대한 문제점을 발견하게 된다고 말합니다.

상담실에서 만난 리더들 역시 그랬습니다. "내가 왜 자꾸 이렇게 말하는지 모르겠어요" 하고 시작된 고민은 결국 자신을 어떻게 생각하는지, 다른 사람들에게 어떤 사람으로 보여지고 싶은지에 관한 이야기로 이어지고는 했으니까요.

무례한 고객들과의 대화에 힘들어하던 리더가 있었습니다. 그러나 '을'의 입장이라 늘 참고 끝까지 좋은 관계를 맺으려고 노력했죠. 덕분에 회사는 갈수록 커졌지만 점점 몸이 아프기 시작했고 마음이 힘들어 결국 제 상담실까지 찾게 됐습니다.

우리는 함께 빙산 아래를 헤매이다 그가 가지고 있던 자신에 대한 상을 발견했습니다. '누구에게나 좋은 사람이 되고 싶다'는 상을 말이죠. 물론 그러한 이미지를 갖게 된 충분한 이유들도 있었습니다.

그는 '더 이상 관계 안에서 끌려다니고 싶지 않다'고 말했습니다. 자신을 지키면서 대화하기를 원한다고요. 그러기 위해서 그는 무엇을 배워야 할까요? '강하게 말하는 법'을 익혀야 할까요? 그보다는 자신에 대한 상, 즉 좋은 사람이 된다는 게 자신에게 어떤 의미인지를 알아봐야 합니다. 자신이 좋은 사람이 아니라고 느껴질 때 어떤 감정이 드는지, 상대방이 무례하게 행동할 때 어떤 생각이 가장 먼저 떠오르는지에 대한 이야기를 나누어야 합니다.

이처럼 '자기'라는 개념은 사람의 말과 닮아 있습니다. '내가 나를 어떻게 평가하는가?'는 열망과 기대, 지각하는 방식, 느끼는 방식으로 또다시 이어지기 때문입니다.

나는 어떻게 반응했는가? (행동)

나는 무엇을 느꼈는가? (감정)

느낀 것을 어떻게 평가했는가? (감정에 대한 감정)

나는 어떤 의미를 부여했는가? (지각)

나는 무엇을 원했는가? (열망과 기대)

나는 어떤 사람이 되고자 했는가? (자기)

지금까지 우리는 빙산의 개념을 통해 마음의 구조에 대해 살펴 봤습니다. 각각의 요인들이 반드시 순차적으로 작동하는 것은 아 닙니다. 서로 영향을 주고받으면서 말과 관계를 움직이는 것이죠. 자신의 마음을 들여다본다는 것은 이 순환의 원리를 이해하는 것 입니다. 대화할 때 '어떻게 상대를 굴복시킬 것인가'에 집중하는 대신, 내면에서 일어나는 과정들을 살펴보는 것입니다. 후회되는 말을 내뱉고 나서 '내가 왜 그랬지?' 하고 자책하는 대신, 내가 어 떤 감정을 느끼고, 어떻게 해석했고, 그 순간에 무엇을 기대했는지 를 찾아보는 것이죠.

우리는 이제부터 감정과 생각(공식), 욕구의 늪지대에 대해 더 자세히 살펴볼 것입니다. 자신이 어느 지점에서 넘어지고 미끄러 지는지 잘 살펴보세요. 후회되었던 대화들을 떠올려보세요. 동시에 앞으로 어떤 식으로 말하고 싶은지, 어떤 식으로 변화하고 싶은지에 대해서도 책을 읽으면서 천천히 생각해보세요.

자, 그럼 본격적인 탐색이 지금부터 시작됩니다.

감정에 대하여

말하기 전에
감정 바라보기

얼마 전, 강연 촬영을 마치고 스태프들과 인사를 나누던 중이었습니다. 담당 PD의 표정이 안 좋아 보였습니다. 이유를 묻자, 촬영 중에 총괄 PD가 잠깐 보자고 하더니 '운영을 그렇게밖에 못하냐, 똑바로 하라'고 다그쳤다는 것입니다.

후배의 일하는 방식이 마음에 안 들었던 모양입니다. 조명, 배경음악, 촬영기법 등 여러 면에서 제대로 피드백을 해줘야겠다고 작정한 것 같았습니다. 성과를 위해서 한 일이죠. 그러나 결과는 '꼭 그때, 그렇게 말해야만 속이 시원했냐'는 원망과 서운함만 남긴 것 같았습니다.

"작가님, 저희 팀 사람들은 마음을 몰라요, 마음을. 그런 말을 들고 나면, 제가 어떤 마음으로 일하게 될지 전혀 생각 안 하는 것 같아요."

참 쓸쓸한 일이죠. 총괄 PD가 더 높은 수준의 작업을 위해 피드백할 수는 있습니다. 그런데 리더가 불편한 감정을 소화시키지 못하고 날것 그대로 드러내면 불똥이 여기저기 튑니다. 심지어 제 앞에서도 "제대로 못하나!"며 팀원들을 윽박지르는 리더들도 종종 보게 됩니다.

감정을 발산하고 나면 순간적으로 해소된 듯한 느낌이 듭니다. '너만 잘했어도 내가 이렇게까지는 안 하지'라는 마음도 있었겠지요. 하지만 소화시키지 못한 리더의 감정은 영향력이 큽니다. 혼자 화장실에 앉아 화를 내는 것은 자신의 마음에 해를 끼치지만, 사무실 한복판에서 고함을 질러대는 것은 수십 명의 마음에 해를 끼칩니다. 그뿐일까요. 그 사람들이 집으로 돌아가 가족들에게 미치는 감정의 도미노까지 생각하면 그 파급력은 엄청납니다.

리더는 불편한 상황에서, 말하기 전에 '감정'을 먼저 인식해야 합니다. 그냥 말하는 것이 아니라 '느끼고' 말해야 합니다. 결정적 순간의 대화라면 입을 떼기 전에 우선 멈추세요. 그리고 속으로 질문하세요. '지금 이 대화에서 나는 무엇을 느끼고 있는가?', '어떤 감정을 경험하고 있는가?'라고요. 그에 대한 답을 찾은 후에 말을 시작하세요.

잠시 멈춤! 말하기 전에 느껴보자.

지금 이 순간, 나는 어떤 감정을 느끼고 있는가?

이 질문은 매우 중요합니다. 다음 대화의 방향을 정하는 결정적 단서이기 때문입니다. 낯선 길에 들어섰다고 생각해보세요. 앞에는 여러 갈래의 갈림길이 있고요. 감정이란 각각의 갈림길 앞에 놓인 표지판과 같습니다. 화살표가 가리키는 길마다 각각 다른 곳으로 이어져 있습니다. 목적지도 달라지고, 풍경도 바뀌지요. 대화를 하면서 어떤 감정에 주목하는가에 따라서 대화의 방향과 분위기는 180도 달라집니다.

예를 들어, 자신감 없이 보고하는 후배를 볼 때 어떤 감정이 드나요? 답답함? 분노? 걱정? 만약 짜증의 길목에서 대화를 시작하면 "자네가 준비한 내용이잖아! 담당자도 확신이 없는데 고객을 어떻게 설득하겠다는 거야?"라는 말이 튀어나오게 됩니다. 그러나 그 화살표 대신 다른 화살표를 따라가면 전혀 다른 길로 들어설 수 있습니다. "어쩐지 주저하는 것 같은데, 이유를 설명해줄 수 있겠나? 걱정이 되어서 말이야"라고 말할 수 있게 되지요.

이번에는 잘못된 자료 때문에 상사에게 한 소리 들은 후 팀원들에게 분풀이하는 리더를 떠올려봅시다. 이때 개인의 감정은 팀의 성과에 어떤 영향력을 미칠까요? 사람들은 '위험'을 감지하고 경계를 시작할 것입니다. 리더의 눈빛, 목소리 톤, 표정, 테이블을 탁탁 내리치는 소리 등 모든 것이 '공격'으로 느껴집니다.

동시에 회의실에 감도는 불안감, 걱정, 놀람, 짜증은 '생각하는 뇌'를 얼어붙게 합니다. 팀원들은 빨리 이 자리에서 도망가고 싶습니다. 그래서 눈을 부릅뜨고 자료의 오류를 잡아낼 것입니다. 그러나 '이런 문제가 재발하지 않으려면 어떻게 해야 할까?', '서로가 가진 아이디어를 공유해서 더 좋은 대안을 찾아보자!'와 같은 '일머리'는 작동시키지 못합니다. 게다가 당신은 위험을 제공한 사람으로 기억됩니다.

감정의 영향력에 둔감한 리더들은 누군가가 용기 있게 불편한 감정을 고백해도 잘 받아들이지 않습니다. 오히려 그런 상대를 예민하게 취급하거나, 자신을 감정에 덤덤한 사람처럼 설명하면서 도망가거나, 그럴 의도는 아니었다며 책임에서 발을 빼려 합니다.

"뭘 그 정도 가지고 그러나, 우리 사이에."

"소심하게 그걸 아직도 기억하고 있었어? 나는 옛날에 다 잊었는데."

"내가 진짜 그렇게 생각했겠어? 말하다 보니 그렇게 나온 거지. 그래도 기분 상했다면 미안해."

앞의 사례에서, 총괄 PD가 "다양한 시도를 하느라 고생이 많아. 더 잘할 수 있었는데 아쉬워서 말이야"라고 말을 시작했더라면 분위기는 어떻게 달라졌을까요? 다그치는 감정만 드러내지 않고, 응원하는 마음과 걱정, 아쉬움을 등을 털어놓은 다음 말했더라면 결과는 어떻게 바뀌었을까요?

우리에게는 감정의 안테나가 있습니다. 수시로 주변의 신호를 탐색합니다. 위험한 감정신호가 느껴진다면 주의하고 피하려 합니다. 특히 리더가 보내는 주파수에는 더 강렬하게 반응하지요. 그래서 자주 감정을 터뜨리는 리더 앞에서는 피곤하고 힘이 듭니다.

안전한 신호를 보내주세요. 늘 좋은 감정을 표현하라는 게 아닙니다. 감정이 리더 자신에게, 관계에, 일에 미치는 영향력을 항상 생각하자는 의미입니다. 모래사장 위로 파도가 이 정도 밀릴 정도면 저 깊은 곳에서는 얼마나 큰 소용돌이가 몰아칠까요. 그 감정의 작용 관계를 이해하며 대화하자는 뜻입니다.

감정적인 사람 vs.
감성지능이 높은 사람

감정을 자각하는 훈련을 할 때 좀처럼 진도가 나가지 않는 경우가 있습니다. 감정이나 느낌, 기분 등은 비즈니스와는 어울리지 않는 것들이라고 생각하기 때문이죠.

"일할 때 일만 하면 되지, 감정이 뭐가 중요합니까?'
"꼭 그걸 말로 주고받아야 하는 겁니까?"
"다들 성인인데 자신의 감정은 자신이 책임지면서 일해야죠."

그룹코칭 중 어떤 리더는 "감정을 꼭 회사에서 드러내야 합니까?"라고 여러 번 물은 적도 있습니다. 질문에 감정을 잔뜩 싣고

서요.

"그 말씀을 하실 때 지금 어떤 감정이 느껴지세요?"

"그냥 궁금해서 묻는 거예요."

"아, 궁금하셨던 거예요? 저는 처음에 화가 나신 줄 알았어요."

"제 말투가 좀 그렇죠."

"궁금하셨고, 동시에 불편함? 걱정? 의문? 이런 감정도 같이 느끼셨을까요?"

"네, 그렇죠. 일할 때 감정이 꼭 필요한가 싶기도 하고."

"호기심과 기대하는 마음도 조금은 있었겠네요. 이렇게 질문하신 것을 보면요."

"네네."

"아, 이제 선생님의 마음이 이해가 되네요. 마음을 알게 되니 안심도 되고요."

가끔 원래 말투가 이렇다고 설명하는 리더들이 있습니다. 하지만 그렇게 생각하고 있더라도 말하기 전에 자신의 감정을 인식하게 되면 태도는 달라집니다. 앞과 같은 상황에서도 "제가 어색해서 그러는데, 감정을 꼭 표현해야 하나요?"라고 다른 방식으로 질문할 수 있게 되죠.

감정을 정확하게 느끼는 능력은 가족, 그중에서도 부모로부터 배울 수 있습니다. 부모가 불편한 감정을 어떻게 드러냈는지, 여리고 취약한 상태의 감정을 얼마나 편안하게 다루었는지에 따라 자녀들의 감정 기초체력이 정해집니다. 감정 그릇이 큰 부모는 자녀가 짜증낼 때도 "괜찮은 거니, 지금 어떤 감정인 거니" 하며 받아냅니다. 그러나 부모에게서 "지금 네 마음은 어떻니?"라는 질문을 받아본 경험이 없다면 '아, 지금 내 마음이 이렇구나' 하고 알아차리기 어렵지요.

제가 만난 리더들 역시 그랬습니다. 관계 안에서 감정의 상호작용을 경험해본 적이 적었습니다. 사실과 근거, 숫자와 데이터를 읽는 것에는 능숙했지만, 감정이 널을 뛸 때 다루는 방법은 모르고 있었습니다. 감정을 배제한 채 대화하는 것을, 논리적으로 대화하는 것이라고 믿고 있는 경우도 있었습니다.

하지만 감정은 쉽게 사라지지 않습니다. 소화되지 않은 감정은 내면에 쌓이기만 합니다. 말로 표현하지 않아도 그 감정들은 무심코 내뱉은 한숨소리에서, 서류철을 내던지는 손짓에서, 굳게 다문 입과 가느다란 눈초리에서, 길고 긴 침묵에서 여과 없이 새어 나옵니다.

감정은 무시당하는 것을 몹시 싫어하기 때문에 쌓인 감정은 어떤 식으로든 터지게 마련입니다. 종로에서 뺨 맞고 한강에서 눈

흘긴다는 말이 있듯이, 그 당시에는 대범한 척 넘어가놓고 작은 문제로 거세게 몰아치게 됩니다. 혹은 회사에서는 참으면서, 집에 와서 아이들을 잡게 됩니다. "너까지 나를 무시하냐!"며 감정을 폭발시키게 되는 것이죠.

감정은 만만한 상대가 아닙니다. 꾹꾹 눌러 참기만 하면, 결국에는 두통이나 위장장애처럼 몸으로도 나타납니다. 혹은 감정을 억누르느라 인내력이 고갈되어버리죠. 불필요한 곳에 정신적 에너지를 소진해서 정작 필요한 일에 집중하지 못하게 됩니다. 이처럼 감정을 거추장스러운 존재로 취급하면 개인과 일에 부작용을 남깁니다. 무시하지 않고 감정을 살피고 인정해주는 작업을 모르는 척해서는 안 됩니다.

하지만 실제로 감정 대화를 연습하기 시작하면 많은 분들이 '낯간지럽다'며 손사래를 치곤 합니다. 그러나 오해하지 마세요. 누군가에게 우리가 느끼는 모든 감정을 표현하고 전달하기 위해서 이러한 연습을 하는 것은 아닙니다. 자신이 느끼는 감정을 모조리 드러낼 필요는 없습니다. 현실적으로 그럴 여유도 없지만, '솔직하게 말하게' 하면서 너무 많은 감정을 드러내면 상대도 부담스러워할 수 있어요. 그보다는 불편한 상황에서도 감정에 압도당하지 않고 적절하게 순환시키는 것이 우리의 목표입니다. 감정이 몸과 마음을 해치지 않도록, 우리가 전하려는 메시지가 방향을 잃지 않고 목적지에 제대로 도달하도록 하기 위해서 연습하는 것입니다.

'감성지능'을 높여라

"당신은 감정적인 사람이야."

이런 말을 들으면 기분이 어떨까요. 회사에서 이런 말을 듣게 된다면 마냥 칭찬이라고 받아들일 수는 없을 것입니다. 마치 기분의 고저를 가감 없이 드러내는 사람, 구체적 데이터와 합리적인 프로세스에 근거해서 일하지 않는 사람, 기분과 상황에 따라 기준과 말을 바꾸는 사람이라고 생각되죠. 특히 여성 리더들 중에 이 '감정적'이라는 꼬리표가 달릴까 봐 오히려 냉정하고 강하게 말하는 분들도 많습니다.

이것은 감정에 대한 잘못된 이해가 만들어낸 선입견입니다. 비즈니스에서 감정을 회복하자는 뜻은 슬프면 울고, 느끼는 대로 드러내자는 의미가 아닙니다. 이러한 오해를 피하기 위해 심리학에서는 보다 명확한 언어를 사용하고 있습니다.

"당신은 감성지능이 높은 사람이야."

이 말은 어떤 느낌이 드나요? '감정을 회복하자'는 말은 '감성지능을 높이자'는 말입니다. 감성지능은 정보처리능력입니다. 자신과 타인의 감정을 인식하고 구별하는 능력, 감정을 '정보'로 활용해서 사고하고 행동을 선택하는 능력을 뜻합니다. 훈련을 통해 키울 수 있는 인지능력인 것이죠.

회의실에서 후배와 언성을 높이며 싸웠다는 한 리더가 있었습니다. 일을 안 하고 자꾸 딴지만 거니 어쩔 수 없었다고 설명했지요. 하지만 일을 가르치고 싶었던 의도가 좋았더라도, 화가 나서 화를 냈다는 것은 감정조절에 실패했다는 말이기도 합니다.

같은 상황에서 감성지능이 높은 리더는 걱정, 분노, 서운함, 실망감을 골고루 느낍니다. 그리고 '화'가 필요한 일인지 구별합니다. 후배를 움직이게 하려면 그중 어떤 감정에 주목해야 하는지 고려하죠. 그러고 난 이후에 필요한 말을 적절한 강도로 사용합니다. 참는 것이 아니라, 가장 좋은 선택을 하기 위해 감정의 불편함을 조금 견뎌내는 것입니다.

매출자료만큼 우리의 감정자원도 중요한 자료입니다. 수시로 확인하고 점검해야 하지요. 고객의 감정을 분석해서 마케팅 전략으로 삼는 것처럼 업무에서 발생하는 자신의 감정도 중요한 정보로 다루어야 합니다.

감정은 심리학에만 유용한 게 아닙니다. 행동경제학이나 경영

학에서도 감정을 의사결정과 구매 동기의 핵심으로 봅니다. 게다가 비즈니스 상황이야말로 경제와 경영, 심리학이 모두 얽혀 있는 현장입니다. 그러니 지금부터라도 자신의 감정 데이터에 관심을 가지고 제대로 사용해주세요.

감정에
이름 붙이기

리더가 자신의 감정을 감지하면서 대화하면 더 좋은 결과를 만들어낼 수 있습니다.

얼마 전의 일입니다. 코칭 중, 맞은편에 앉은 리더에게 한 통의 전화가 걸려왔습니다. 전화를 끊고 난 후 그의 표정이 급격히 나빠지는 것을 보고, 조심스럽게 무슨 일인지 물었습니다. 그랬더니 방금 인사팀에서 전화가 왔는데, 자신의 팀원 중 누군가가 업무전환 신청을 했고 그것이 승인되었으니 다른 팀으로 보낼 준비를 하라고 했다는 것입니다. 그런데 그 팀원이 다름 아닌 자신이 평소에 알뜰하게 챙겼던 후배더라는 것이죠.

"차장님, 지금 어떤 감정이 드세요?"

"아, 열받네요."

"화가 나시죠. 또 어떤 기분이 드나요?"

"뒤통수 맞은 기분인데요? 인력도 빠듯한데."

"놀라신 것 같아요."

"네. 생각지도 못했어요."

"그럴 만하죠. 그럼 다른 감정들도 한번 살펴볼게요. 혹시 남은 감정이 또 있나요?"

"네! 서운하네요. 저한테는 한마디 상의도 없었거든요."

"화도 나고, 놀라고, 서운하신 거네요. 그중에서 차장님에게 가장 큰 영향을 미치는 감정은 무엇인가요?"

"서운함 같아요. 왜 먼저 상의하지 않았나 하는 게 가장 신경 쓰여요."

"그럼 그 후배에게 어떻게 말을 시작해야, 그 마음을 전할 수 있을까요?"

나의 감정을 알아차린다는 것은 이 과정을 스스로 해낸다는 뜻입니다. '저 말을 들으니 화가 난다. 놀랍고, 무엇보다도 서운하다. 그중에서 나의 핵심 감정은 서운함이다. 이 감정에 주목해서 대화를 나눠봐야겠다.'

자극이 들어왔을 때 핵심 감정을 선택하여 말을 시작하는 것은 꾸준한 연습이 필요한 일입니다. 그러기 위해서는 무엇보다 감정들을 정확하고 다양하게 느끼는 것이 중요합니다. 정확하고 다양하게 느끼려면 우선 감정의 다양한 이름을 알아야 하지요. 감정에 주목하고 싶어도 그 감정에 알맞은 이름을 모르면 세밀하게 구분하기가 어렵기 때문입니다. 이를테면 아래 상황처럼요.

"그때 기분이 어떠셨어요?"
"화가 났지요."
"그리고 또 어땠나요?"
"음, 뭔가 제가 맡은 역할을 잘해내지 못했다는 생각이 들었어요."
"네, 그런 생각이 들었을 때 어떤 감정이 느껴졌나요?"
"죄책감?"
"조금 더 설명해볼까요?"
"아, 사실은 뭐라고 표현해야 할지 모르겠어요."

감정을 대화에 활용하려면 감정을 표현하는 어휘가 충분해야 합니다. 감정은 항상 무리지어 움직입니다. 여러 감정이 한꺼번에 몰려온다는 뜻이죠. 때론 질서 없이 뒤섞여 있어 구분하기 어렵고, 서로 상반된 감정이 한 바구니에 담겨 있어 혼란스럽기도 하죠. 때문에 이름을 불러주면서 각각의 감정을 자세히 살펴봐야 합니다.

감정에 이름을 붙이는 것, 즉 '감정의 언어화' 효과는 다양한 연구에서도 확인되었습니다. 감정 표현 어휘를 사용하는 것만으로 개인이 느끼는 고통의 정도가 실제로 줄어든다는 결과도 나와 있습니다. 이것을 '부수적 감정조절'이라고 하는데, 감정의 이름을 불러주기만 해도 감정에 압도되어 이성을 잃을 가능성이 줄어든다는 뜻이죠.

'감정단어 익히기'와 함께 자극에 반응하는 나의 신체 감각을 살피는 것도 도움이 됩니다. 감정은 몸의 반응을 동반하니까요. 빨라지는 심장 박동, 뒷목의 뻣뻣함, 어깨의 뻐근함, 뻑뻑한 눈, 입안의 건조함, 손바닥의 땀처럼 신체 감각은 감정과 함께 나타납니다.

수면 부족, 번아웃, 지나친 각성, 숙취 등으로 컨디션이 떨어져 있다면 몸의 감각에 무뎌질 수밖에 없습니다. 이렇게 몸이 편안하지 않으면, 감정을 잘 느낄 수 없게 됩니다. 그리고 이처럼 몸의 균형이 무너진 상태로 대화에 뛰어들면 안 해도 될 말을 쏟아내게 되죠.

몸도 대화에 참여합니다. 특히 감정조절에 어려움을 겪는 분들은 몸의 감각을 깨우는 연습을 해보는 게 좋습니다. 명상도 괜찮습니다. 관련 미디어나 어플의 도움을 받아서 연습해봐도 좋습니다.

대화를 잘하고 싶다면, 감정단어를 익히고 감정에 어울리는 이름을 붙여주는 연습을 시작하세요. 더불어 감정이 일어날 때 집중해서 몸의 감각을 느껴보세요. 감각을 깨워서 감정에 주의를 기울이는 인지 훈련에 관심을 가져보기를 권합니다.

기분 '좋음'과 '나쁨'만 아는 사람과 64가지 팔레트색을 느끼는 사람의 대화 수준은 같을 수 없습니다. 파란색만 해도 울트라마린, 코발트, 인디고, 세룰리안 등의 다양한 이름들이 있습니다. 알지 못하면 차이를 구분할 수 없습니다. 감정도 골고루, 명확하게 구별해야 정교하고 깊어집니다.

⟨Tip⟩ 12×12 감정단어표

감정을 다양하게 느끼고 정확하게 표현하기 위해서는 감정어휘를 알아야 합니다. '좋다, 싫다'라고만 말하지 말고, 아래의 감정단어들을 익혀서 자신의 감정을 알아차리고, 대화에 활용해보세요.

분노/짜증	두려움/걱정	불안/초조	놀람/당황	슬픔/우울	미움/질투
격양된	걱정스러운	겸연쩍은	가슴철렁한	무기력한	경멸스러운
괘씸한	겁나는	긴장되는	갑작스러운	상심한	끔찍한
끓어오르는	난감한	떨리는	기막힌	서글픈	못마땅한
뚜껑열리는	두려운	망설이는	놀란	서러운	미운
분한	막막한	불안한	당황스러운	속상한	부러운
불쾌한	무서운	쑥쓰러운	뜨끔한	슬픈	시기하는
신경질나는	부담스러운	어색한	멍한	실망스러운	야속한
약 오르는	섬뜩한	조급한	아찔한	측은한	얄미운
역정 나는	심란한	조마조마한	어리둥절한	아쉬운	역겨운
울화가 치미는	안타까운	조심스러운	어이없는	안쓰러운	원망스러운
짜증나는	위축되는	주저하는	얼떨떨한	애절한	증오하는
화난	혼란스러운	초조한	황당한	우울한	혐오스러운

고통/수치	기쁨/즐거움	평온/편안	감동/흥분	희망/사랑	외로움/단절
고통스러운	기쁜	고요한	감격스러운	간절한	공허한
괴로운	만족스러운	느긋한	감동적인	감미로운	귀찮은
미안한	반가운	담담한	경이로운	궁금한	그리운
민망한	보람 있는	든든한	고마운	기대되는	답답한
부끄러운	뿌듯한	안락한	고양된	다정한	서운한
비참한	상쾌한	안심되는	뭉클한	두근거리는	쓸쓸한
억울한	신나는	여유로운	벅찬	따뜻한	외로운
절망적인	유쾌한	차분한	신기한	사랑스러운	적적한
착찹한	즐거운	편안한	자랑스러운	설레는	지루한
치욕스러운	통쾌한	평온한	충만한	애틋한	처량한
후회스러운	흐뭇한	홀가분한	황홀한	열렬한	허전한
힘든	흥미로운	후련한	흥분된	절실한	허탈한

* 12×12 감정단어표는 일상에서 자주 사용하는 경험적 단어들을 대표 감정으로 두고, 다양한 어휘를 연습할 수 있도록 분류한 것입니다.
동일한 감정단어라도 상황과 대상에 따라 뉘앙스의 차이가 있을 수 있습니다. 절대적인 분류표가 아니므로 유연하게 활용하시기를 바랍니다.

감정습관 대신
현재에 집중할 것

감정을 정확하고 다양하게 느끼는 것만큼, 지금 이곳에서의 생생한 감정을 느끼는 것 역시 중요합니다. 그러나 사람들은 저마다의 감정습관들을 가지고 있습니다. 현재 일어나는 진짜 감정보다는, 자신에게 익숙하고 편안한 것들을 사용하고 싶어 하죠.

그러나 모르는 감정은 무시하고 불편한 감정은 거부하면, 가장 바람직한 해결책을 찾을 수가 없습니다. 감정이 알려주는 욕구와 바람을 알 수가 없으니까요.

특히 자극적 감정, 통제적 감정, 방어적 감정 등으로 감정의 물꼬가 한번 트이게 되면 대화가 꼬이고, 오해와 갈등이 발생합니다.

❶ 자극적 감정

자극적 감정은 어릴 때부터 자주 느껴온 감정이 자동적으로 활성화되는 것을 뜻합니다. 마음에 감정 버튼이 한 개뿐이어서, 어떠한 자극에도 자꾸 그 스위치만 켜지는 셈이죠. 실제로 사건이 발생하지도 않았는데 불안함을 느끼고, 남들은 그냥 넘길 만한 사건에도 밤잠을 설칩니다.

저는 제가 불안에 쉽게 자극된다는 것을 알고 있습니다. '불안'은 제 삶의 핵심 요소입니다. 그래서 갑자기 고객사의 요청이 달라지거나 소소한 피드백들이 접수되거나 하면 가장 먼저 이 불안이 모든 감정을 제치고 등판합니다. 그것 때문에 필요 이상으로 전전긍긍하게 되는 것은 물론이고요.

그것을 알고 있기 때문에 말하기 전에 이 습관적인 감정에서 빠져나오기 위해 의식적인 시간을 가집니다. 불안함 대신 안도감, 감사함과 기대감에 주목하려고 하지요. 그런 후에 말을 시작하면 불안함에 압도되어 다그치게 되는 대신 균형을 잡게 됩니다. 8 정도의 불안함을 느끼며 말하는 대신 3 정도의 불안함만 가진 채 말할 수 있게 됩니다.

"아, 어떡해! 왜 확인 안 했어! 내가 두 번씩 더 봐야 한다고 했잖아!"

이런 식으로 적정 수준 이상의 불안을 담은 채 말하다 보면 상대방은 그 말을 비난과 질책으로 받아들이게 됩니다. 게다가 이 말을 하면서 내면의 불안함은 점점 더 커지게 되고요.

"좀 신경 쓰이더라고. 걱정도 되고. 그래도 다행인 건 해결 방법이 있다는 거야. 이렇게 해보고 월요일 오후에 다시 보고해줘."

이렇게 상대방이 감당할 수 있을 정도로 감정을 표현하고, 문제 해결에 에너지를 집중하면 더 나은 관계와 결과를 만들어낼 수 있습니다.

당신의 '자극적 감정'은 무엇인가요?
그 감정습관은 어디에서 시작되었나요?

❷ 통제적 감정

통제적 감정이란, 상대를 조정하기 위해 가짜 감정을 휘두르는 것을 말합니다. 누군가를 복종시키기 위해 실제 느끼는 것보다 더 크게 분노를 표현하는 것, 일부러 더 약하고 슬픈 분위기를 풍기면서 사람들의 관심과 위로를 끌어내는 것, 화를 내지는 않지만 침묵으로 불편한 분위기를 조장하는 것 등이 여기에 속하지요.

특히 통제적 감정으로 화를 사용하는 사람들이 많습니다. 자극적 감정 자체가 화인 경우도 있지요. '화'는 에너지를 분출하기 때문에 그것을 사용하면 자신에게 힘이 있다는 착각에 빠지게 됩니다. 상대방이 잘못했다는 메시지도 줄 수 있어서 사용하면 할수록 그 빈도가 높아집니다. 주변에서도 그 상황을 빨리 마무리하고 싶어서 종종 맞춰주다 보니 어느덧 점점 더 '화'라는 킬을 자주 빼어 들게 되지요.

한 리더가 직원들의 잦은 퇴사가 고민이라며 저를 찾아왔습니다. 그날도 직원 한 명이 갑자기 사직서를 내밀길래 이유도 묻지 않고, "너 그럴 줄 알았다!"며 한참 쓴소리를 한 후 돌려보냈다고 하더군요.

서운하고, 걱정될 만도 한데 그의 말은 그 상황에 어울리지 않아 보였습니다. 그를 이해하기 위해서 과거의 경험을 더 나누었습니다. 그런데 이번에도 상황과 감정이 조화롭지 않습니다. '어떻게 혼자 견뎌냈을까' 싶을 정도로 힘든 상황에 대해 말할 때도 지나치게 씩씩한 모습을 보이는 것입니다.

일단 그의 신체 감각을 살피고 감정단어를 하나씩 짚어가면서 내면에 숨겨진 감정을 찾아보기로 했습니다. "글쎄요", "그냥 싫은 느낌?"이라고만 답하던 그가 시간이 흐르면서 조금씩 다른 감정단어를 사용하기 시작했습니다. '속상하다, 슬프다, 외롭다'라는 감정에 이름을 붙이고, 차이를 구별하게 된 것이죠.

처음으로 눈물을 흘렸던 날은 꽤나 당황한 것처럼 보였습니다. 부끄럽다고도 했고요. 감정을 느낀 그대로 말하는 게 어색하다고 했습니다.

그는 감정에 대해 잘못된 신념을 가지고 있었습니다. 슬픔, 불안함 같은 감정은 연약한 사람이나 느끼는 거라고, 그러한 감정을 드러내면 무시받고 이용당한다고 굳게 믿고 있었습니다. '나를 만만하게 보지 마! 나는 강해!'라고 주장하기 위해서 분노를 내세웠던 것입니다. 나약한 감정을 느끼는 자신을 스스로 인정하고 싶지 않았던 것이죠.

그러나 감정을 이렇게 사용하면 화낼 일이 더 많아집니다. 동시에 외로워지고요. 당신이 가진 두려움, 외로움, 슬픔에 대해 공감받고 위로받기 힘들어집니다. 화를 드러내면 강한 사람이고, 무서움을 드러내면 나약한 사람 같아 보이나요? 나약해지는 감정이란 없습니다. 나약해질까 봐 도망 다니는 사람이 있을 뿐이죠. 힘으로라도 인정받고 싶어서 화를 내는 사람이 가장 약해 보입니다. 오히려 단단한 사람은 감정을 차별하지 않고 유연하게 껴안습니다.

당신의 '통제적 감정'은 무엇인가요?
그 감정습관은 어디에서 시작되었나요?

❸ 방어적 감정

방어적 감정을 이해하기 위해서는 방어막을 떠올리면 됩니다. 나를 노출하기 싫어서 만들어낸 것이지요. '아무렇지도 않은데, 뭘', '그런 것은 내게 아무것도 아니야' 같은 말로 진심을 숨깁니다. 솔직한 감정을 드러내는 게 불편해서 아닌 척, 괜찮은 척, 다른 척하는 것이지요.

방어적 감정을 사용하는 사람은 경직되어 보입니다. 감정의 온기가 드나들어야 마음이 말랑해지고 유연해지는데, 감정의 교류보다 무시와 단절을 사용하기 때문입니다. 감정이 불편해지면 재빨리 다른 것에 집중하거나 다른 감정으로 대체해버리기도 합니다.

C는 직장 동료들과의 관계 때문에 코칭을 시작했습니다. 사회생활을 한 지 제법 되었지만, 동료나 선후배들과 친밀한 교류가 없다는 게 고민이었습니다. 인간적이지 않다는 피드백도 자주 받다 보니, 스스로도 문제가 있나 싶었던 것이죠.

그런데 그런 말을 하는 C의 목소리는 건조하고 냉랭하게 들렸습니다. 감정이 느껴지지 않았죠. 대화를 나누고 있다는 느낌도, 대화를 통해 하나로 연결되었다는 느낌도 없었습니다. "그때 무엇을 느끼셨나요?" 하고 물으면 감정 대신 생각이나 다른 사건에 대한 이야기를 늘어놓았습니다. 꼭 뉴스를 듣는 것 같았죠.

"잠깐만요. 마치 감정을 느끼지 않기로 결심한 분 같네요."

이런 말을 꺼내자 그는 잠시 말을 멈추었습니다. 한참을 그대로 있더니 잠시 후 어린 시절 이야기를 들려주기 시작했습니다.

가족들이 뿔뿔이 헤어져 살았는데 그 시절이 많이 외롭고 힘들었다고. 그러나 슬프다고 이야기하면 매일 눈물만 날 것 같아서 가족 누구에게도 그 '마음'을 꺼낸 적이 없다고 고백했습니다. 심지어는 자신에게도 그 감정을 숨겼다고 털어놓으며, 그때 '차라리 감정을 느끼지 않는 게 편하다'는 것을 배웠을지도 모른다고 말했습니다.

그는 요즘도 우울할 때, 그것에 대해 생각하면 더 우울해지니 일부러 모른 척한다고 했습니다. 그 대신 더 바쁘게 움직이고, 더 열심히 감정을 무시한다고 말이죠.

감정과 거리를 두는 게 습관으로 자리 잡으면 가장 먼저 말이 딱딱해지고 관계가 어색해집니다. 주변 사람들이 다가오지 못하게 됩니다. 결국 또다시 방어막 속에 혼자 덩그러니 남아 있게 되지요.

마음이 힘들 때 모르는 척하면 괜찮아진다는 것은 감정에 대한 오해입니다. 감정에겐 차단의 전략이 통하지 않고, 수용의 전략이 효과적입니다. 그래서 알아봐주는 것을 좋아합니다. 이름을 불러줄 때까지 끈질기게 주위를 맴돌죠. 감정이 원하는 것은 '나 지금 좀 우울하다고 느끼고 있네'라고, 있는 그대로 해석해주는 것입니다.

우울함 속에 풍덩 뛰어들라는 말이 아닙니다. 지금 자신이 느끼는 감정을 왜곡 없이 그대로 바라봐주라는 것이죠. '너 지금 거기 있구나' 이런 정도면 충분합니다. 느껴야 비로소 연결됩니다. 방어막을 거두고 불편함도 견디면서 골고루 느껴야 지금 현재에 굳건히 서 있을 수 있습니다.

당신은 어떤 상황에서 '방어적 감정'을 사용하나요?
그 감정습관은 어디에서 시작되었나요?

감정, 아는 만큼 보인다

감정은 당신의 마음을 잘 설명해줍니다. 중요한 정보원이자 유용한 자원이죠. 그러나 감정의 주인은 당신입니다. 주체는 당신이고, 감정은 당신의 일부라는 뜻입니다. 우리가 감정을 다루는 데 서툰 이유는 그것이 더 엄청난 힘을 가져서가 아니라, 다루는 방법을 잘 모르기 때문입니다.

감정이 멋대로 폭주하면서 당신을 휘두르게 두지 마세요. 다른 사람들에게 부정적 감정을 쏟아붓고, 스스로에게 화를 내며 자책하는 일을 반복하지 마세요.

모르는 척 무시하거나 강압적으로 억누르지 말고 조절 방법을 익히세요. 감정은 장애물이 아닙니다. 인정하고 받아들이면, 원하고 바라는 쪽으로 당신을 이끌어줄 안내자가 되어줄 것입니다. 또 당신이 늪지대에 빠지지 않도록 미리 경고하고 알려줄 것입니다.

이제 당신 안에 숨어 있는 감정을 깨워서 이전보다 생생한 하루를 보내세요. 감정을 타고서 대화의 목적지로 나아가세요. 감정을 이해하고 친해지기로 마음먹은 후, 감정의 영향력을 관찰하세요. 감정에 주목하고, 다양한 감정들을 정확하게 느끼기 위해 감정어휘를 익히세요. 대화 테이블에 감정을 주제로 올리는 것을 두려워하지 마세요. 습관적인 감정과 가짜 감정에 주의하면서 진짜 감정을 찾는 눈을 키우세요.

아는 만큼 보인다는 말이 있습니다. 감정 역시 느낀 만큼 제대로 표현할 수 있습니다.

감정을 잘 사용하는 리더들의 질문

감정은 '출현-자각-보유-표현-완결'이라는 프로세스를 거쳐 나타
납니다. 유독 힘들었던 대화가 있나요? 그 대화 장면을 떠올려보세요.
그런 다음 아래 액션 시트의 질문들을 따라가면서 내면의 진짜 감정
을 찾아보세요.

⟨예시⟩

단계	질문	들여다보기
1. 감정의 출현	stop! 몸에 어떤 감각이 느껴지는가?	심장이 뛰고, 손이 뻣뻣해짐
2. 감정의 자각	지금 느끼는 감정에 어떤 이름을 붙일 수 있을까?	민망함, 불안, 두려움
3. 감정의 언어화	또 어떤 감정이 남아 있을까?	원망, 속상함
4. 감정의 평가	자극을 받으면 자동적으로 발생하는 감정(자극적/통제적/방어적)인가? 아니면 지금 여기, 이 순간에 근거한 감정인가?	다시 생각해보니, 그렇게 불안해하고 두려워할 일은 아니었다.
5. 핵심 감정	지금 가장 주목해야 할 감정은 뭘까?	속상함
6. 감정의 보유	그 감정이 말하려는 것은 뭘까?	내 노력을 알아주었으면 좋겠다.
7. 감정의 표현	그 감정을 드러내고 싶다면, 어떻게 표현해야 할까?	그런 말을 들으니 속상합니다. 제 노력도 인정받고 싶습니다.

Action Sheet

단계	질문	들여다보기
1. 감정의 출현	stop! 몸에 어떤 감각이 느껴지는가?	
2. 감정의 자각	지금 느끼는 감정에 어떤 이름을 붙일 수 있을까?	
3. 감정의 언어화	또 어떤 감정이 남아 있을까?	
4. 감정의 평가	자극을 받으면 자동적으로 발생하는 감정(자극적/통제적/방어적)인가? 아니면 지금 여기, 이 순간에 근거한 감정인가?	
5. 핵심 감정	지금 가장 주목해야 할 감정은 뭘까?	
6. 감정의 보유	그 감정이 말하려는 것은 뭘까?	
7. 감정의 표현	그 감정을 드러내고 싶다면, 어떻게 표현해야 할까?	

생
각
에

대
하
여

나의 생각은
믿을 만할까?

한 면접자가 캐주얼한 면바지와 스웨터를 입고 왔다면 면접관들은 어떤 반응을 보일까요? '그는 어떤 사람이라고 생각하나요? 당신이라면 그를 채용하겠습니까, 탈락시키겠습니까?'와 같은 질문을 던진다면 어떻게 대답할까요?

팀장1: 너무 자유분방해 보이는군요.

팀장2: 재미있는 친구네요. 뭔가 달라서 좋아요.

팀장3: 부럽네요. 저는 저 나이 때 저렇게 못했는데.

한 사람의 행동 자극을 보면서 느끼는 감정은 사람마다 다릅니다. 이유가 무엇일까요? 결론에 이르기까지 작동하는 내적 프로세스가 각자 다르기 때문이지요. 예를 들어 팀장1의 머릿속에서는 자극-생각-감정-반응의 과정이 이렇게 진행됩니다.

(자극) 정장을 안 입었네.

(생각) 예의와 기본을 모르는군. 경험상 저런 친구들은 꼭 문제를 만들더라고.

(감정) 불안해. 안정감을 주는 사람이 좋겠어.

(반응) 글쎄요. 저희 팀과는 색깔이 맞지 않아 보이네요.

생각과 감정은 서로 영향을 줍니다. 어떤 생각은 감정을 불러 일으키고, 특정 감정은 생각을 더 공고히 만들죠. 어떤 생각들은 자판기 버튼을 누른 것처럼 곧바로 튀어 올라서 충분한 탐색 없이 정해진 결론에 도달하게 합니다. 이럴 경우 그 속도가 너무 빨라서 생각의 오류가 있을 수 있다는 의심조차 하기 어렵습니다. 또 어떤 생각들은 불변의 공식처럼 자리 잡아서 사람을 경직되게 만듭니다. 열린 가능성, 의외의 변수, 독특한 결과를 무시하게 만듭니다.

팀장1의 관점도 비슷합니다. 그의 머릿속에는 자동화된 생각이 스쳐 지나갑니다. 과거에 비슷한 느낌을 주었던 사람들에 대한 부정적인 경험들이 휘리릭 지나가면서 불편한 감정이 일어나고, 그 생각을 뒷받침해줄 단서들에 주목하기 시작합니다. 그렇게 새로 발견한 근거들은 이미 자동화된 생각을 더 공고히 하는 데 사용되어집니다.

알프레드 아들러가 그의 책 《삶의 의미》에서 한 말을 기억할 필요가 있습니다.

"인간의 행동은 자신의 견해에서 비롯된다. 왜냐하면 우리는 감각을 통해 사실을 받아들이는 대신 외부 세계의 반사적, 주관적인 상만을 받아들이기 때문이다. 사실이 아니라 사실에 관한 우리의 견해가 바로 우리에게 영향을 미친다."

아들러는 개인의 경험이 자신의 견해를 변화시키는 쪽보다 강화하는 쪽으로 사용된다고 말했습니다. 고정된 견해를 가지고 상황을 바라보면 모든 것이 그 가정에 맞춰지게 된다는 뜻이지요.

물론 팀장1의 우려가 맞을 수도 있습니다. 그러나 리더가 '옷 입는 태도만 봐도 어떤 성격인지 알 수 있다'는 기준을 가졌을 때, 놓치게 될 것은 무엇인지 생각해봐야 합니다. 비슷한 성향의 사람들만 선택하고 그렇지 않은 사람들을 배제시킬 때, 성과에 어떤 영향을 미칠지 말입니다.

이런 방식은 '대응'보다는 '반응'에 가깝습니다. 자극이 왔을 때 요인을 따져보고 선택하는 것이 아닌, 이미 대기 중이던 답을 내

놓는 것과 같죠. A를 보면 자동적으로 B가 연상되는 것처럼요.

노벨경제학상을 수상한 행동경제학자 대니얼 카머넌은 그의 책 《생각에 대한 생각》에서 이 차이를 시스템 1과 시스템 2라는 개념 으로 설명했습니다.

시스템 1은 인상, 직관, 의도, 감정처럼 노력 없이도 빠르게 작 동하는 시스템을 뜻합니다. 이에 비해 시스템 2는 의지를 가지고, 주목하고, 노력이 필요한 정신활동을 뜻하죠. 시스템 1에 비해 진 행과정이 더딥니다.

요점은 인간이 스스로를 시스템 2의 존재라고 '착각'한다는 것 입니다. 자신을 논리적이고 합리적으로 생각하는 자아, 의식적으 로 고민하고 선택하는 자아로 여긴다는 것이죠. 그러나 《생각에 대한 생각》은, 우리가 판단과 의사결정을 할 때 얼마나 시스템 1 에 의존하고 있는지를 보여줍니다. 얼마나 생각의 비약과 오류에 빠지기 쉬운 존재들인지를 알려주지요.

회의 중에 자꾸 하품하는 직원을 보며 '저런 태도로 뭘 하겠어' 하고 생각해버리거나, 꼬치꼬치 캐묻고 반대 입장을 표명하는 후 배를 보며 '참 눈치가 없네. 요즘 애들은 다 저러나' 하고 생각하는 경우도 마찬가지입니다.

특히 불편한 대화가 오고 갈 때 시스템 1에 따라 사람에 대한 결론을 내려버리면 더 대화할 이유가 없어집니다. 표정과 상황에 주목하고, 새로운 정보를 찾으려 애쓰고, 무엇을 더 질문할지 고민하기도 전에 이미 상대방에 대한 판단이 끝나버리기 때문입니다.

리더는 자신이 종종 시스템 1에 의존하고 있다는 사실, 생각의 늪에 빠진 채 소통하고 있다는 사실을 받아들일 필요가 있습니다. 이것은 힘겨운 자각입니다. 하지만 생각이 뒤틀리고 치우쳐져 있으면 상황을 제대로 볼 수 없고 제대로 된 말을 할 수 없습니다.

특히나 성공경험이 많은 리더, 통제권과 선택권이 큰 리더, 한 분야에서 오랜 경력을 쌓은 리더에게는 더 필요한 일입니다. 나의 믿음이 종종 오류에 빠지고, 자동적인 사고 때문에 새로운 진실을 놓칠 수 있다는 것을 의식해야 합니다.

잘 말하려고 하기 전에 자신의 믿음을 이해하는 것이 먼저입니다. 주변 사람들이 직접 말해주기는 어렵습니다. 스스로 모순과 오류를 찾고, 관점을 조정해가야 하죠. 결국 그 과정이 리더의 말 그릇을 키웁니다.

⟨Tip⟩ 생각의 자동화 발견하기

최근, 당신의 마음을 불편하게 했던 상황을 떠올려보세요.

생각과 감정을 관찰해서 다음 액션 시트를 작성해보세요.

당신이 발견한 생각은 <u>습관적이고 자동적인 것인가요?</u>

<u>아니면 의식적이고 합리적인 선택인가요?</u>

⟨예시⟩

(자극) 근무 시간에 직원들끼리 게임 이야기를 하고 있다.

(생각) 나만 이렇게 죽어라 일하나?

(감정) 억울하고 화가 나고 한심하다.

(반응) 다들 한가한가 봐, 응? (직원들에게 말함)

(평가) 평소에도 그런 생각을 하는 것은 아니다. 다들 열심히 일하는 사람들이고, 잠시 쉬고 있었던 것뿐이다. 그때는 내가 너무 지쳐 있었다. 많은 책임 때문에 힘이 들 때면 종종 억울하다는 느낌이 들곤 한다. 그러니 이것은 나의 자동적 감정에 가깝다.

Action Sheet

질문	들여다보기
(자극) 당신이 관찰한 행동과 상황은 무엇인가요?	
(생각) 그때 스쳐 지나간 생각을 한 문장으로 적어보세요.	
(감정) 그때 어떤 감정을 느꼈나요?	
(반응) 그래서 어떻게 말하고 행동했나요?	
(평가) 자동적 생각인가요? 합리적인 선택인가요? 당신은 어떤 경우에 종종 그런 생각을 떠올리나요?	

생각의 늪은
어떻게 만들어지는가

자동화된 생각은 대화와 관계를 망치기도 합니다. 리더 A의 이야기를 들어볼까요. 그는 후배 고과장이 참 불편합니다. 다른 동료들과의 관계에서는 큰 문제가 없습니다. 그러나 고과장과 같은 팀이 된 후로는 불편한 날들이 많아졌습니다.

몇몇 동료들과 식사를 할 때였습니다. 최근에 진행하게 된 프로젝트에 대한 이야기가 나왔고 고과장이 이런저런 '아는 척'을 했습니다. A의 기분은 그때부터 나빠지기 시작했습니다. 뭐 대단한 거라고 저렇게 떠벌리는지. 그런데 갑자기 고과장이 대화의 화살을 A에게로 돌립니다. "아, 팀장님은 그럴 때 어떻게 하셨어요?"

A는 별로 답하고 싶지 않아서 못 들은 척했습니다. 그런데 눈치

없이 고과장이 한 번 더 묻습니다. A는 순간적으로 "더 잘 아실 텐데, 뭘 저한테 물어요!" 하며 비꼬듯이 말해버렸습니다. 이후 분위기가 급격히 어색해졌다는 것은 말할 필요도 없지요.

"고과장이 프로젝트 이야기를 하는 장면을 떠올려보세요. 그때 어떤 감정이 드셨나요?"

"짜증? 불쾌하고 싫었어요!"

"그 불쾌함은 어떤 생각으로부터 나온 것일까요? 그때 순간적으로 스쳤던 생각들을 문장으로 만들어보세요."

"나랑 지랑 같아?"

"그 문장이 생각났군요."

"네, 저를 무시한다고 생각했어요."

"아, 그렇게 해석하셨군요."

(행동) 고과장이 프로젝트에 관해 말한다. 갑자기 나에게 질문한다.

(생각) 거기서 나를 왜 끼어들게 해? 나를 평가하려는 거야? 나를 무시하는 거야?

(감정) 짜증나. 불쾌해.

(반응) 더 잘 아실 텐데, 뭘 저한테 물어요!

여러분은 리더 A의 생각처리 과정에 동의하시나요? 고과장은 정말로 그를 무시하려고 작정했던 것일까요?

그가 이런 생각의 공식을 가지게 된 데에는 나름의 이유가 있었습니다. 이전 회사에서 있었던 일이죠. 상사의 학교 후배였던 사람이 후임으로 들어왔는데, 자신을 제쳐두고 상사에게 곧바로 보고를 진행하곤 했습니다. 둘 사이의 친분을 과시하며 자신을 무시하는 언행을 지켜보며 A는 마음고생을 많이 했습니다.

고과장을 보면 자꾸 그가 떠오릅니다. 후배임에도 불구하고 자꾸 같은 위치에 서려는 것 같아 과거의 불편했던 기억이 자꾸 건드려집니다. '허물없이 지내려고 하는구나' 하고 해석하는 대신, '이번엔 만만하게 당하고 있지는 않겠다'는 생각이 활성화됩니다. 그러니 작은 자극에도 '지금 나를 무시하는거야?' 하고 생각하게 되는 것이죠.

생각의 늪이 만들어지는 경로는 다양합니다. 위의 경우처럼 관계의 트라우마적 경험이 생각의 자동화를 만들 수도 있습니다. '다시는 당하지 말자' 하면서 시스템 1에 깊게 새겨두는 것이죠. 긍정적인 정서를 경험한 경우에도 마찬가지입니다. '기억해, 앞으로도 이렇게 하는 거야.'

한 중견기업의 CEO는 이북에서 내려와 어릴 적부터 안 해본 고생 없이 힘들게 살았다고 합니다. '하루 네 시간 이상 자본 적 없다, 구두가 찢어지도록 고객들을 만나러 다녔다'는 에피소드를 즐겨 말하곤 했지요. 누군가가 성공비결을 물으면 '발로 정성을 다하는 것'이라고 대답했습니다.

이 리더는 책상 앞에서 머리 굴리는 사람을 가장 싫어합니다. 한 번 더 찾아가서 얼굴 보고, 발로 뛰라고 강조하며 조회를 마칩니다. 한번은 그 회사의 직원에게 "사무실에 일찍 들어갈 수 없어요. 일 안 하는 줄 아시니까요" 하는 말을 들을 정도였지요.

이것 역시 긍정적인 경험이 시스템 1에 각인된 결과입니다. 내가 발로 뛰어 성공했으니, 그렇게 하기만 하면 다들 성공할 수 있다는 생각이 굳게 자리 잡은 것이죠.

어릴 때 부모나 어른들로부터 들었던 말들이 공식이 되기도 합니다. 제가 아는 어떤 분은 '웃어른께 예의를 다해야 한다'는 소리를 가훈처럼 듣고 자랐습니다. 그는 식당에 가서도 나이 지긋한 분들이 음식을 가져다주면 불편해합니다. 회사에서도 상사에게 매우 깍듯합니다. 상사의 취향이나 습관까지 다 파악해서 살뜰하게 챙깁니다. 누구는 아부한다고 하지만 그는 나보다 어른이라 잘하는 것뿐이라고 말합니다. 그런데 그는 선배에게 깍듯하지 않은 후배들을 보면 마음이 불편합니다. 실력 좋고 인성이 좋아도 윗사람에게 예의를 차리지 않는 것 같으면 눈에 거슬리는 것이죠.

이처럼 다양한 경로를 통해 만들어진 생각의 공식은 한 사람의 인생 드라마에서 핵심 메시지로 자리 잡게 됩니다. 많은 시간과 에너지를 투입하여 얻은 교훈이기도 하고요. 그래서 힘이 셉니다. 쉽게 바뀌거나 사라지지 않아요. 그래서 저는 리더들에게 한 번쯤 자신의 인생을 돌아보는 시간을 가질 것을 권합니다. 이력이 아닌, 의미 있었던 사건들을 중심으로 인생을 정리해보라고 요청합니다. '무슨 일이 있었고 그때 무엇을 배웠는가?'라는 질문을 통해 인생의 핵심 메시지를 찾아보는 것이죠.

당신 인생의 주제

조직심리학자인 타샤 유리크는 그의 책 《자기통찰》을 통해 '인생 이야기 쓰기 방법'을 소개합니다. 현재 그룹코칭에서 종종 사용하고 있는 방법이기도 합니다. 그 방법을 다음에 적어놓았으니 찬찬히 읽고 따라해보기를 권합니다. 우선 흰 종이 한 장을 준비해주세요.

"당신의 인생을 책이라고 생각해보세요. 삶의 중요한 시기별로 그 책의 장을 나누세요. 그리고 각 시기별로 다섯 개에서 열 개까지 특정한 장면들을 떠올려보세요. 가장 좋았던 때, 가장 나빴던 때, 어릴 적 기억, 아동기의 중요한 사건들, 성인기의 주요 사건들, 또는 당신 자신을 만들어준 사건들을 생각하면 됩니다. 각각의 장면을 몇 개의 문장으로 설명하세요."

1. 언제, 무슨 일이 있었습니까?

2. 이 사건에 대해 당신과 당신의 주변 사람들은 무엇을 생각하고 느꼈나요?

3. 이 사건의 어떤 점이 당신에게 특히 중요했나요?

4. 이 사건을 통해 당신은 무엇을 배웠나요?

5. 이 사건은 당신에게 어떤 영향력을 남겼나요?

각 장면들에 대한 설명이 끝나면 이제 한 걸음 물러서서 당신 인생의 이야기 전체를 바라봅니다. 그리고 다음 질문에 대한 답을 계속 적어나가세요.

1. 당신의 이야기에서 어떤 중요한 주제, 감정, 교훈이 보이나요?

2. 당신의 인생 이야기는 당신이 어떤 사람이라는 것을 말해주나요? 혹은 앞으로 어떤 사람이 되고 싶다는 것을 보여주나요?

3. 당신의 이야기는 당신의 가치, 열정, 포부, 적합한 환경, 행동양식, 반응, 타인에게 미치는 영향력에 대해 무엇을 말해주나요?

예를 들어, 번아웃을 겪으면서 가정과 일의 균형을 잃어버렸던 한 리더는 아래와 같이 생각을 정리했습니다.

1. 나는 살면서 항상 참아야 한다고 믿었고 무엇이든 다 책임지려 했다. 표현하기보다는 삼켜왔고, 문제가 생기면 내가 더 잘하지 못해서 그렇다고 해석해왔다.

2. 나는 이제 마음을 표현하며 살고 싶다. 감정에 솔직하고 책임을 나누며 함께 일하고 싶다.

3. 나는 그동안 리더니까 참아야 한다고 생각했지만 그것이야말로 소통을 가로막고 솔직한 논의를 가로막았다. 그로 인해 과도한 책임을 지게 됐고, 팀원들의 권한을 자주 빼앗게 되었다. 속을 알 수 없는 사람이라는 이미지를 얻게 되기도 했다.

그는 '인생 이야기 쓰기'를 통해 자기 안의 모순을 이해할 수 있었다고 말했습니다. 지금까지 '잘하고 있다, 최선이다'라고 믿어온 것들에 대해 다시 한번 생각해보게 되었다고 했죠.

당신의 인생 주제는 무엇인가요?
각 장의 드라마에 제목을 붙인다면 뭐라고 하고 싶은가요?

영향력은 기술이 아니라, 존재감에서 나옵니다. 당신이 무엇을 경험했고, 그것으로부터 어떤 교훈을 배웠고, 그것이 당신의 선택과 의사결정에 어떤 영향을 미쳤는지 충분히 이해할 때 비로소 존재의 아우라가 생깁니다. 자신에 대해서 더 많이 이해할수록 리더의 힘은 더 멀리 퍼져나갑니다.

의미 있는
진실

부서 이동을 신청한 팀원 때문에 당황했던 리더의 사례로 돌아가보려 합니다. 그는 그 상황에서 '나를 믿지 못하나?' 하는 생각이 들어서, 화도 나고 서운했다고 했습니다.

"그런 생각이 종종 드는 편인가요? 언제 그런 생각이 드나요?"
"당신에게 믿음이란 어떤 의미인가요?"
"믿음직스럽지 않다는 말이 어떻게 느껴지나요?"

누구에게나 믿음은 중요합니다. 그러나 유독 그 단어가 결정적 순간에 자주 등장한다면, 그 가치에 감정이 크게 반응한다면 그것이 바로 인생을 아우르는 핵심 메시지일 수도 있습니다.

앞의 사례에서, 그가 믿음에 유독 집착했던 까닭은 바로 그의 아버지 때문이었습니다. 그의 아버지는 '믿음'과는 거리가 먼 사람이었습니다. 어머니와 자주 다투고, 자녀들에게도 무책임했죠. 신용도 좋지 않아서 가족 모두 경제적인 고비를 여러 번 넘겨야 했습니다. 그런 아버지를 보면서 그는 '나는 믿을 수 있는 사람이 되어야겠다'고 다짐했다고 합니다. 아버지를 대신해 가족에게 믿음직한 사람이 되기 위해 노력했고, 지금도 리더로서 믿음을 주는 사람이고 싶다고 말했습니다. 그의 삶에는 '믿음'이 자주 출현하고 있었습니다.

그런데 이러한 공식이 작동하고 있는 상태에서는, 자기도 모르게 감정적이 되거나 상대방을 추궁하게 될 수도 있습니다. '나를 믿지 못했다'는 결론을 가지고 대화를 시작하면 그 판단을 뒷받침해줄 증거만을 수집하게 되겠지요.

그래서 우리는 '나를 믿지 못해서 말하지 않았다'는 그의 생각이 '참'인지 확인해보기로 했습니다. 그리고 부서 이동을 신청한 팀원과의 면담을 위해 아래와 같은 질문들을 준비했습니다.

1. 그가 보직 변경 신청을 한 이유는?
2. 그 선택을 하기 전에 나와 상의하는 게 어려웠던 이유는?

3. 이런 일이 반복되지 않으려면, 내가 무엇을 더 챙겨야 한다고 생각하는지?

그는 사실 하고 싶지 않다고 했습니다. 이미 벌어진 일인데 그냥 조용히 보내주는 게 맞을 것 같다며, 굳이 그 직원을 붙잡고 이런 질문까지 해야 하는지 모르겠다고 했었죠. 자신의 성격과도 잘 맞지 않는다며 웃었지요.

"가서 진실을 확인해보세요. 관점을 넓힐 수 있는 기회라고 생각하세요."

다행스럽게도 다시 만났을 때 그의 표정은 편안해 보였습니다. 대화를 통해서 현재 팀의 문제를 발견했고, 그것과는 별개로 자신이 리더로서 썩 잘하고 있다는 것을 팀원의 말을 통해 확인했다고 하더군요.

사티어는 우리에게 이런 조언을 합니다.

"지각하는 것과 지각에 대한 해석을 분리시킬 수 있다면, 지각한 것에 다른 의미들도 존재한다는 것을 알게 됩니다."

내가 어떤 자동화된 생각을 가지고 있는지, 어떤 인생 주제를 가지고 있는지 깨달을 수 있다면, 벌어진 상황과 해석을 분리시킬 수 있습니다. 열차에 무턱대고 올라타기 전에 손에 쥔 탑승권을 확인하는 것과 같죠. 이것을 확인하려면 의지가 필요합니다. 시스템 2를 가동해서 다른 가능성과 해석들을 확인해야 합니다.

고정된 생각에 빠지지 않기 위해서는 관찰하는 연습도 필요합니다. 우리는 대개 자신과 맞지 않는 정보는 무시하기 때문에 계속 같은 결론을 내리게 되거든요. 《감정연습》을 쓴 김용철 정신과 전문의는 관점을 바꾸려면 '적극적인 관찰자가 되자'고 제안합니다. 의도를 가지고 디테일에 주목할 때 새로운 것을 발견하게 된다는 것이죠. '보나마나…'라고 판단하기 이전에 상대의 얼굴, 표정, 말투, 자세에 세심하게 주의를 기울여보면 좋습니다.

또한 '질문을 통해 진실을 확인하라'고 덧붙이고 싶습니다. '보나마나 뻔하지!'라고 느낌표를 찍기 전에 '당신이 믿는 진실이 사실인지'를 알기 위해 물음표를 선택하세요. '생각했던 것과 다르구나'를 발견할 때마다 당신의 시야는 넓고 깨끗해질 것입니다.

진실을 찾기 위한 질문들

이번에는 또 다른 사례를 알아볼까 합니다. B는 얼마 전 입사한 신입사원이 계속 신경 쓰입니다. 너무 개인주의라는 생각이 들었으니까요. 학벌 좋고 스펙도 화려한데 자꾸 혼자서 점심을 먹습니다. 점심식사를 대충 때우는 것 같기도 하고, 저렇게 해서 업무에 잘 적응할 수 있을지 염려됩니다.

(자극) 혼자서 밥을 먹는다.

(생각) 요즘 친구들은 왜 저렇게 개인적인지!

(감정) 서운하고, 걱정된다.

(반응) 회사에 잘 적응하는지 체크하게 된다.

저는 그에게 "혹시 진실을 확인해보셨나요?"라고 물었습니다. 무슨 생각으로 혼자 점심을 먹는지, 그의 숨겨진 사정이 무엇인지 알아볼 필요가 있으니까요. 그는 그동안 몇 번이나 같이 먹자고 권유하긴 했지만 이유를 물어본 적은 없었다고 대답했습니다. 그래서 우리는 다음과 같은 질문 세트를 마련했습니다.

1. 점심시간을 어떻게 사용하고 싶은가?

2. 동료들과 함께 식사할 때 불편한 점이 있는가?

3. 혹시 더 도와줄 점이 있나?

그는 직원과의 면담을 통해, 그 신입사원이 점심시간에 온라인 수업을 듣는 것을 알게 되었다고 했습니다. 업무에 방해를 주지 않기 위해 점심시간을 이용하고 있다는 것을요.

"그 진실을 확인하는 순간 어떤 마음이 드셨나요?"

"부럽더라고요. 저는 이제 그런 열정은 별로 없거든요."

"새로운 진실을 확인하는 과정에서 무엇을 배우셨나요?"

"결론짓기 전에 물어보자! 그러기 위해서는 생각이 유연해야 한다는 것을 깨달았죠."

그렇습니다. 리더에게는 생각의 유연함이 필요합니다. VUCA의 시대이기 때문이죠. 모든 사람들이 더 높은 수준의 변동성(volatility), 불확실성(uncertainty), 복잡성(complexity), 모호함(ambiguity)에 대비해야 합니다. 새로운 세대의 등장, 매출 방식의 변화, 팬데믹으로 인한 업무 방식의 변화와 같은 변수들이 계속 등장하고 있으니까요. 더 이상 기존의 가정들이 유효하지 않습니다. 전문가들은 리더일수록 새로운 가정을 세우고 가장 효과적인 것을 찾기 위한 실험 정신을 가져야 한다고 제안합니다.

김민식 저자의 《나무의 시간》이라는 책을 보면, 소나무에 관한 잘못된 믿음이 나옵니다. 대부분의 사람들은 소나무를 최고의 목재라고 생각하지만 그것이야말로 소나무에 관한 왜곡된 정보이자 믿음이라고 합니다.

소나무는 수량이 많다 보니 해외거래 가격이 비싸지 않고, 습기에 약해서 쉽게 썩기 때문에 최고의 목재라고 말할 수는 없다는 것이지요. 그런데도 사람들은 한옥을 지을 때 소나무 목재만을 고집한다고 해요. 소나무 때문에 오히려 집을 오래 보존하지 못할 수도 있는데 그렇다는 것입니다.

소나무의 진실처럼, 당신이 알고 있는 것이 진실이 아닐 수도 있습니다. 낡고 오래된 생각을 고집하면 손해 보는 것들이 생기기 마련이죠. 의미 있는 진실을 찾는 탐색을 더 이상 미루지 않기를 바랍니다.

◇Tip◇ 공식 발견 질문지

아래에 50개의 미완성된 문장들이 있습니다. 비어 있는 부분을 채워서 하나의 문장으로 완성해보세요. 정답은 없습니다. 바람직하게 보이는 답을 적는 대신 솔직하고 편안하게 개인의 생각을 적어보기를 권합니다. 이 작업은 나의 생각과 자동화된 공식을 발견하도록 도와줄 것입니다.

문장 목록

내가 싫어하는(불편한) 사람은

내가 좋아하는 사람은

가장 이해할 수 없는 사람들은

대부분의 사람들은

사람들이 나에 관해 잘 모르는 점은

사람들이 나를 이해하려면

사람들에게 들키고 싶지 않은 점은

대부분의 사람들에게 나는

내가 없을 때 사람들은 나에 관해

사람들과 함께 있을 때의 나는

사람 때문에 가장 힘들었던 기억은

사람들이 나로 인해 힘들어하는 것은

내가 자주 겪었던 갈등은

나와 생각이 다른 사람을 볼 때

갈등이 생기면

후배라면

윗사람들이란

어리석게도 내가 두려워하는 것은

다른 사람들이 모르는 나만의 걱정은

무슨 일을 해서라도 잊고 싶은 것은

내가 도움이 필요할 때는

내가 듣고 싶지 않은 말은

예측하지 않았던 일이 생길 때는

내가 긴장할 때는

내가 마주치고 싶지 않은 불편한 상황은

내가 능력을 잘 발휘하는 환경은

내가 원하는 것은

자신감이 떨어질 때는

중요한 의사결정을 할 때는

삶에서 꽤 오랫동안 생각해온 것은

내가 양보할 수 없는 것은

나에게 이상한 일이 생겼을 때는

여기까지 올 수 있었던 이유는

나의 가장 큰 결점은

내가 어렸을 때는

나는 지금까지

나는 종종

왜 나에게는

어린 시절 기억에 남는 장면은

내가 정말 행복할 수 있으려면

내가 보는 나의 앞날은

언젠가 나는

나는 결코

나는 이제 더 이상

나의 목표는

내가 평생 가장 하고 싶은 일은

내가 늙으면

일을 하면서

직장(사회)생활을 잘하려면

내가 파트너(팀)에 기대하는 것은

작성한 후에는 다음의 질문에 답해보세요.

질문에 대한 답을 기록하는 과정에서 무엇을 느꼈나요?

앞의 문장들 중에서 새롭거나 눈에 띄는 것들은 무엇인가요?

반복되어 드러나는 점은 무엇인가요?

당신을 가장 잘 드러내는 문장은 무엇이라고 생각하나요? 그 이유는 무엇인가요?

이 문장들을 통해서 발견한 당신의 핵심 공식은 무엇인가요?

욕
구
에

대
하
여

욕구를 확인하고
정확하게 전달하기

자, 이번에는 욕구 이야기를 해볼까요. 감정이 갈림길 입구에서 방향을 제시하는 화살표 역할을 한다면, 생각은 그 갈림길 앞에 서 있는 안내문 정도가 될 거예요. 그리고 자신이 선택한 길을 따라가면 '욕구'라는 목적지를 만나게 되고요. 생각나는 대로 말하지 않고, 감정과 생각을 천천히 따라 걷는 연습을 하는 이유는 바로 이 '욕구' 지점에 무사히 도착하기 위해서죠.

저는 글을 쓸 때마다 '해내고 싶은' 욕구를 느낍니다. 글이 막힐 때도 포기하지 않고 이번 장을 마무리할 수 있기를 기대하죠. 그래서 몸이 근질거려도 책상 앞에 앉아 버팁니다. 아이가 하교할 때라면, 사랑과 친밀감의 '욕구'가 피어오르죠. 그러면 맛있는 간식을 준비하게 되고요. 이처럼 사람은 욕구를 좇아 움직입니다.

그런 이유로 욕구는 '에너지'라고도 불립니다. 원하는 게 결핍되어 있을 때 우리는 '필요하다'는 신호를 느끼고, 그것을 채우기 위해 몸과 마음을 움직이기 때문이죠. '그냥 했어'라고 말하는 순간에도 그 이면에는 항상 '욕구'가 자리하고 있습니다.

당신은 지금 어떤 욕구를 느끼고 있나요?
그 욕구를 충족하기 위해 어떤 말과 행동을 하고 있나요?

모든 욕구는 개인에게 중요하고, 의미가 있습니다. '필요하다', '원한다'는 말 앞에서 '네가 왜?'라고 자격을 따질 수는 없습니다. 비교도 불가합니다. 예를 들어, 리더인 나는 친밀감의 욕구를 원하는데 팀원이 혼자 있고 싶은 욕구를 느낀다고 해서 '요즘 애들 왜 저러나' 할 수는 없다는 말입니다. 욕구의 소유권은 절대적으로 개인의 마음에 있으니까요.

그러나 상대방의 '욕구'를 의도적으로 모르는 척할 때도 있습니다. 바로 욕구를 충족하는 '수단'에 동의할 수 없을 때죠.

강연장에서 사람들에게 '지금 원하는 게 무엇이냐?'고 물으면 '쉬고 싶다'고 말하는 사람이 있습니다. 그렇다고 해서 제가 그 사람에게 '그럼 쉬어도 좋습니다' 하고 말할 수는 없지요.

'쉼'의 욕구는 타당합니다. 그러나 우리에게는 각자의 역할이 존재하고 공동의 목표도 있습니다. 지금 당장 '쉼의 욕구'를 충족시키기 위해 강의장에서 자거나 드러눕는다면 문제가 되겠죠. 그러나 그 방법에는 동의하지 않더라도 '쉬고 싶으시죠'라고 말할 수는 있습니다. 욕구는 무시하거나 부정한다고 해서 사라지는 게 아닙니다. 먼저 인정한 후에, 방식을 조율하는 것이 효과적입니다.

"저도 준비한 메시지를 잘 마무리하고 싶은데, 이따가 휴식 시간을 5분 더 드릴게요. 괜찮으세요?"라고 대안을 제시할 수 있습니다.

대화할 때, 이렇게 욕구를 인정하는 연습이 필요합니다. '회사 생활 재미없다'는 말 앞에서 '즐기려고 회사 다니냐'고 쏘아붙이는 대신, '재미있게 다닐 수 있다면 더 좋겠네'라고 욕구를 인정해줍니다. '의미 있는 일을 하고 싶다'고 말하면, '그 의미는 네가 만드는 거다'라고 정색하는 대신 '의미 있는 일을 원하는구나'라고 말해줄 수 있습니다.

그런데 이렇게 욕구를 인정할 수 있으려면 리더 스스로 자신의 욕구를 인지해야 합니다. 자신의 것을 감지하지 못하면, 타인의 욕구를 관찰할 수 없으니까요.

후배와 차 한잔하던 중이었습니다. 다른 팀의 팀장에게서 전화가 걸려왔습니다. "뭐 아는 거 없어요?" 그는 전화기 너머로 실장님에 대해 묻습니다. 무슨 말이냐고 물으니, 좀 전에 회의실 앞에서 실장님이 A건에 대해 한참 얘기하고 가셨는데 대체 뭘 원하는지 모르겠다는 것입니다. 요지를 알 수가 없다고요.

이런 일은 종종 발생합니다. 리더의 욕구를 파악하기 위해 직원들은 고군분투합니다. '어떻게 하라는 거야?', '이렇게 하라고 지시하신 거 맞아? 내가 이해한 게 맞아?'

직접 '제가 잘 이해를 못했습니다. 이걸 원하시는 게 맞나요?'라고 물어보기에는 리더의 눈빛이 너무 확신에 차 있습니다. 그러니 회의실을 나온 후부터 정답 찾기가 시작되는 것이지요.

'내가 원하는 것은 뭐지? 무엇을 기대하고 있지?'
'얻지 못하게 될까 봐 걱정하는 것은 무엇이지?'
'상대방에게 알려야 하는 나의 욕구는 무엇이지?'

리더라면 위의 질문들을 기억하세요. 특히 지나치게 말이 많아진다면, 감정적으로 말하느라 요점을 자주 잊어버린다면, 지나치게 자세하게 늘어놓아서 맥락을 자주 놓친다면, 말하기 전에 스스로에게 이 질문을 던져보아야 합니다. 중요한 대화를 앞두고 있다면 더욱 그래야 하지요.

정리되지 않은 채 말을 시작하면, '내가 진짜 원하는 것'에 대한 설명 없이 '방법과 수단'만 지시하게 됩니다. 당신의 말에 후배들은 '왜 지금 저 말을 하는 거지?', '응? 지난번하고 말이 다르잖아?', '이게 저것과 무슨 관련이 있지?' 하는 물음표만 떠올리게 됩니다.

종종 '마음 읽기'의 오류에도 빠집니다. 이 정도 힌트를 주면 후배가 알아듣고 척척 해주기를 기대하게 되는 것이죠. '내가 그렇게 말했는데도 못 알아듣는다'고 답답해하는 리더들을 보면, 오히려 자신의 욕구와 기대, 구체적인 방법을 정확하게 전달하지 않아서 혼란을 빚는 경우가 더 많았습니다.

앞으로 의사소통 능력 중에서 '욕구의 명확성'은 더 중요해질 것입니다. 재택근무, 비대면 의사소통이 일상의 업무 방식이 되면서 원거리에서도 정확하게 소통해서 일의 생산성을 높여야 하니까요. 그러기 위해서는 정확하게 파악하고, 설명하고, 질문하고, 피드백해야 합니다. 물론 그 과정에서 '안전성'을 높여야겠지요. 자신의 욕구를 파악해서 명확하고 안전하게 말하기, 이것을 항상 기억하세요.

불편한 감정 뒤에
살고 있는 것

한 사무실에서 한창 마케팅 회의가 진행되고 있습니다. 분위기는 별로 좋지 않습니다. 이번 분기 판매량이 많이 줄었기 때문이죠. 어려운 환경 속에서도 경쟁사는 방어에 성공했기 때문에 분위기는 한층 더 무겁습니다. 각 파트에서 전략 보고서를 준비했지만 썩 신통치 않아 보입니다.

회의실에 앉아 있던 L팀장은 점점 감정이 끓어오르기 시작합니다. 화를 누르고 화이트 보드 앞에서 펜을 듭니다. 그러고는 보고서에서 놓친 부분들을 따지며 하나씩 설명합니다. 긴장감이 흐르는 분위기 속에서 팀원들은 열심히 고개를 끄덕입니다. 마침내 L의 설명이 끝이 났습니다. 분위기는 고요합니다.

"여기, 마케터가 나 한 명뿐이야!"

갑자기 L이 소리를 버럭 지르며 회의실 문을 박차고 나가버립니다. 그가 떠난 후 회의실 분위기는 참담합니다. 가장 큰 문제는 그래서 리더가 무엇을 원하는지, 무엇을 다시 준비해야 하는지에 대한 설명과 논의 없이 그대로 회의가 끝나버렸다는 것입니다.

L은 유능한 팀장입니다. 현장 감각이 뛰어나고, 실력이 좋다는 평을 받고 있습니다. 그러나 팀원들은 그와의 대화를 어려워합니다. 쏟아내는 정보가 너무 많고 요점이 흐려지는 일이 많기 때문입니다. 그는 해주고 싶은 '엄청난 양의 말' 속에서 자신의 욕구를 분명히 하는 연습이 필요했습니다.

"지난번 회의에서 마음이 많이 상하셨지요."

"아… 자리에 와서 생각해보니 조급했던 것 같아요. 열을 좀 냈어요."

"화를 통해서 전하고 싶은 메시지는 무엇이었나요?"

"제대로 좀 하자는 것이죠. 다 실력 있는 친구들이거든요."

"무엇을 제대로 하면 만족스러우시겠어요?"

"'다들 이거 아니면 말지 뭐…'라고 생각하는 것 같아요. '될 때까지 해본다'가 없고요."

"그것을 팀원들이 알아들을 수 있는 긍정적 표현으로 바꾸어

보면요?"

"자부심과 책임감을 가지고 끈질기게 기획안을 만들었으면 좋겠다."

"아, 팀장님이 원하는 것은 자신의 기획안에 책임지는 모습이었군요. 팀장님의 그 욕구를 충족시키려면 팀원들에게 어떻게 구체적으로 요청해야 할까요?"

"마케팅 기획안들은 처음에는 다 깨지기 마련이에요. 공격당한다고 무조건 물러서지 말고 자신의 아이디어를 디벨롭시키려는 자세가 필요해요. 모르는 것은 적극적으로 물어봐야죠. 그래야 부족한 것을 보완할 수 있고요. 그래서 2차 때는 다른 수준으로 제안할 수 있어야 해요."

"팀장님이 기대한 모습이 바로 이것이었군요!"

그는 다음 회의 때는 자신의 욕구와 기대를 명확하게 정리해서 팀원들에게 말하기로 했습니다. 말하면서 갑자기 더 생각나는 말이나 새로운 정보를 덧붙이지 않고 미리 정리해놓은 '원하는 것'에 집중하기로 했지요. 그리고 그렇게 하고서야 팀원들은 그가 자신들의 실력을 질책하는 것이 아님을 깨달았습니다. 그가 진짜 원하는 것이 무엇인지 알게 되었죠.

화를 통해 얻고 싶은 것은 무엇일까요?

무엇을 보면 만족스러울까요?

그 욕구를 상대가 알아들을 수 있게 긍정적인 표현으로 바꾼다면 어떻게 말할 수 있을까요?

욕구에 집중하면서 대화하기

'나는 이것을 원해'라고 말하는 것을 우리는 어색해합니다. 대신 '그것은 싫어'라고 표현하지요. 불평하고, 짜증냅니다. 욕구를 알아차리지 못한 상대방을 비난하지요.

'사티어의 빙산 이론'에서 알아보았듯이, 욕구는 기대와 바람으로 이어지고 특정한 감정을 불러일으킵니다. 바람이 채워졌을 때는 만족감을 경험하게 되고, 기대에 못 미치거나 실패했을 때는 부정적인 감정을 느끼게 되지요. 즉, 부정적 정서를 느끼는 것은 '문제'라기보다는 필요한 것을 알려주는 '신호'라고 해석해야 합니다. 기분이 나쁘면 나쁠수록 어떤 욕구가 강렬했다는 뜻이지요. 부정적 감정의 신호 아래에는, '건강한 욕구'가 존재하고 있습니다.

'이해받고 싶다', '존중받고 싶다', '소속되고 싶다'는 욕구는 누구에게나 타당하고 정당한 것입니다. 갈등은 욕구를 이해하지 못하거나 이해받지 못할 때 발생하지요. 욕구에 집중하지 못하면 자꾸 원망이 생기고, 자신의 욕구로부터도 점점 멀어지게 됩니다.

한 IT 회사의 개발회의에 참석한 적이 있습니다. 진행 중인 프로젝트에 대한 보고가 이어졌지요. 그런데 프로젝트 매니저의 의사결정 방식에 어려움이 있어 보였습니다. 일정은 연기되고 있었고, 다른 개발자들의 표정에 불만이 섞이기 시작합니다. 그것을 바라보던 리더의 얼굴도 사뭇 진지해졌지요. 그가 매니저를 향해 몇 가지 질문을 던졌습니다.

"지금 우리에게는 다른 대안이 필요한데, 무엇을 바꾸어야 한다고 생각하죠?"

"이 프로젝트의 안정화를 위해 제가 지원해야 할 것들은 무엇이죠?"

"업무 진척상황을 다른 방식으로 공유했으면 하는데 어떻게 생각하나요?"

리더는 회의 목표에 집중했습니다. 매니저의 답을 끄덕이며 들었고, 다음 질문을 이어가며 해결 방법을 논의했습니다. 회의가 끝난 후에는 프로젝트 매니저와 별도로 미팅을 하면서 의사결정과 갈등관리에 관한 몇 가지 피드백을 보태었고요. 미팅이 끝난 후

저는 이렇게 물었습니다.

"아주 인상적인 회의였어요. 차장님이 이번 회의에서 원했던 것은 무엇이었나요?"

"매니저가 아직 실전 경험이 부족해요. 이번 프로젝트를 통해 성공경험을 갖도록 돕고 싶었습니다. 그래야 앞으로 더 많은 일을 믿고 맡길 수 있을 테니까요."

"그것을 기억하면서 대화하니 무엇이 달라졌나요?"

"사실은 더딘 진행을 보면서 속으로는 화가 났습니다. 불안하기도 했고요. 여러 가지 생각이 들었죠. 그러나 지금 내가 가진 욕구에 집중하자 매니저에 대한 존중의 태도를 잃지 않을 수 있었어요. 매니저의 자신감을 떨어뜨리고 위축시킬 것 같은 표현은 자제하게 되었습니다."

"PM님이 그 마음을 알게 되면 든든하고 고맙겠네요. 혹시 그 마음을 전하셨어요?"

"네, 지난번 회의를 마치고 말해주었습니다."

"반응은 어땠습니까?"

"기다려줘서 고맙다고 하더군요. 잘해낼 겁니다."

그날 저는 '리더의 말'이 어디까지 영향을 미칠 수 있을까에 대

해 곰곰이 생각해보았습니다. 된통 깨질 것이라고 짐작하고 들어
간 회의에서 저런 말을 듣게 된다면 어떤 마음이 생길까요. 다음
날 어떤 마음으로 출근하게 되고, 어떤 각오로 프로젝트를 마무리
하게 될까요.

부정적 감정의 신호를 감지했을 때 욕구에 집중하면 안전한 관
계를 만드는 데 도움이 됩니다. 불필요한 말을 제어하게끔 도와주
기도 하고요. 리더가 구체적인 기대와 요청을 직접적으로 알려주
는 것은 무엇보다도 성과로 이어집니다. 리더의 깊은 마음과 간결
한 말이 안전하고 명확한 가이드가 될 수 있습니다.

⟨Tip⟩ 욕구 목록(원한다, 바란다, 기대한다)

　욕구의 종류는 매우 다양하지요. 아래는 전문가들이 소개하는 대표적인 욕구 목록입니다. 절대적인 기준은 아니니, 용어들을 참고하여 다양한 상황에서 자신의 욕구를 정확하게 느끼고 표현해보세요. 자신만의 욕구 목록을 추가해보는 것도 좋습니다.

감각추구	감각적인 느낌을 즐기려는 욕구
건설	무엇을 만들거나 세우려는 욕구
공감	동기와 감정을 분석하고 행동을 이해하려는 욕구
공격	힘으로 상대편을 이기려는 욕구
공정	손실과 이익의 형평성을 고려하는 욕구
과시	자신에 대한 좋은 인상을 남기려는 욕구
관계	사람들과 가깝게 연결되고자 하는 욕구
기여	남을 돕고 이바지하려는 욕구
도전	시도하고 맞서려는 욕구
독립	의존하지 않고 독자적으로 존재하려는 욕구
명예	세상으로부터 훌륭함을 승인받으려는 욕구
방어	공격, 비난, 질책으로부터 자신을 감추거나 정당화하려는 욕구
변화	새로움을 추구하고 다른 것을 경험하려는 욕구
보유	물건을 저장하고 보관하려는 욕구

복종	권위나 명령에 따르려는 욕구
불가침	심리적 거리를 유지하려는 욕구
사랑	친밀한 사람과 신체 및 정신적 사랑을 주고받으려는 욕구
생존	생명 유지를 위해 먹고 자는 것을 추구하려는 욕구
성실	일을 마치기 위해서 정성스럽게 열심히 하려는 욕구
성욕	성욕을 해소하고 자극하는 관계를 추구하려는 욕구
성취	어려운 과업이나 과제 등을 달성하려는 욕구
소속	유대관계를 형성하여 소속감을 확인하려는 욕구
소통	타인과 오해 없이 의사소통하려는 욕구
수용	기꺼이 받아들여지고자 하는 욕구
심미	아름다움을 추구하려는 욕구
안전	위협이나 불안감을 피하고 안전함을 추구하려는 욕구
안정	불편함을 회피하고 마음이 편안한 안정적 삶을 유지하고자 하려는 욕구
양육	무기력한 타인을 돕고 보호하려는 욕구
열등회피	난처한 상황이나 수치심을 피하려는욕구
영적	신과 같은 초월적 존재를 의식하며 살아가는 삶에 대한 욕구
영향력	다른 사람의 동기 및 행동에 영향을 주려는 욕구
예측	미리 헤아려서 짐작하려는 욕구
위해회피	고통, 신체적 상해, 질병, 죽음 등 위험한 상황을 피하려는 욕구
의미	가치와 목표를 추구하려는 욕구

의존	남들에게서 도움을 받으려는 욕구
이해	보편적인 문제들을 제기하거나 답을 구하려는 욕구
인정	다른 사람들로부터 존재감과 능력을 인정받으려는 욕구
인지	질문하고 탐구하여 깨닫고자 하는 욕구
자기돌봄	자신에게 관심을 갖고 보살피려는 욕구
자기실현	성장과 개발을 통해 자기 본연의 모습을 찾아가고자 하는 욕구
자기표현	나만의 개성을 드러내려는 욕구
자율	자신의 기준에 따라 생각과 느낌을 자유롭게 선택하고 표현하려는 욕구
재미	새로운 경험, 호기심을 통해 즐거움을 추구하려는 욕구
존경	다른 사람으로부터 공경을 받으려는 욕구
존중	중요하게 여겨지고자 하는 욕구
지배	환경을 통제함으로써 자신의 견해를 관철하려는 욕구
질서	정돈과 정확성을 추구하려는 욕구
충동	순간적 자극에 대하여 반응하려는 욕구
타인돌봄	주변 사람들이 어려울 때 관심을 가지고 보살피려는 욕구
획득	물질을 얻으려는 욕구

⬡ **Tip** 욕구를 확인하는 연습

욕구를 무시하는 대화를 한다면, 자신의 바람과 기대를 명확하게 전달할 수 없습니다. 다음의 내면 대화 프로세스를 따라가면서 자신의 '욕구를 확인하는 연습'을 해보세요. 욕구를 정확히 인지하면 내면의 감정과 생각, 당신의 말이 함께 변화됩니다.

1) 욕구를 무시하는 대화

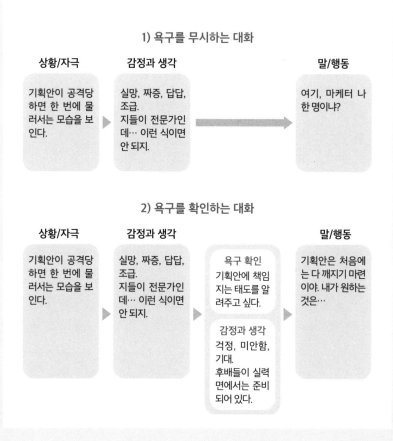

상황/자극	감정과 생각		말/행동
기획안이 공격당하면 한 번에 물러서는 모습을 보인다.	실망, 짜증, 답답, 조급. 지들이 전문가인데… 이런 식이면 안 되지.	→	여기, 마케터 나 한 명이냐?

2) 욕구를 확인하는 대화

상황/자극	감정과 생각		말/행동
기획안이 공격당하면 한 번에 물러서는 모습을 보인다.	실망, 짜증, 답답, 조급. 지들이 전문가인데… 이런 식이면 안 되지.	**욕구 확인** 기획안에 책임지는 태도를 알려주고 싶다. **감정과 생각** 걱정, 미안함, 기대. 후배들이 실력면에서는 준비되어 있다.	기획안은 처음에는 다 깨지기 마련이야. 내가 원하는 것은…

Action Sheet

1) 욕구를 무시하는 대화

상황/자극 감정과 생각 말/행동

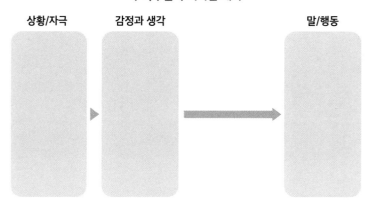

2) 욕구를 확인하는 대화

상황/자극 감정과 생각 말/행동

욕구 확인

감정과 생각

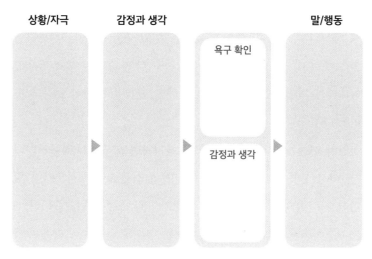

자신의 욕구
포기하지 않기

C는 영업직 과장입니다. 최근 제품 경쟁이 더 치열해지기도 했지만, 그것보다는 사람들 관계에서 많이 힘들어하는 편입니다. 원래 자신의 속내를 잘 보이지 않는 편이었지만, 이 일을 시작하면서 그것이 더 강화되었습니다. 속상하고 화가 나도 웃어야 했지요. 상대에게 맞춰주고, 안 되면 되게 하고, 괜찮은 척해야 하는 상황이 많아졌습니다.

얼마 전에는 고객이 컴플레인을 제기하며 회사까지 찾아왔습니다. 비상식적인 요구사항을 들이밀며 인격적으로 무시하더니 도리어 자신한테 사과를 하라고 막무가내로 소동을 벌였습니다. C는 더 큰 소란을 만들고 싶지 않아서 '사과'를 하고 마무리를 지었습니다. 물론 마음속에 몰아치는 씁쓸함, 슬픔, 외로움, 후회, 분노는 누구와도 나누지 못했죠. 고객이 돌아가고 난 뒤, 아무렇지 않은 듯 컴퓨터 앞에 앉아 남은 일을 처리했습니다.

그는 오래 알고 지낸 동료 때문에도 힘이 듭니다. 마음이 잘 맞을 때는 맥주 한잔도 하면서 속내를 터놓기도 하고, 힘들 때 여러 번 도움을 받기도 한 동료입니다. 그러나 가능한 참고 넘기는 그에 비해 동료는 기분이 나쁘면 흥분하고 목소리를 높였습니다. 그럴 때마다 그는 가르치고 비난하는 듯한 표정과 말투 때문에 불쾌했지만 매일 얼굴을 봐야 했고 이런저런 신세도 지고 있어서 그냥 꾹 참을 수밖에 없었습니다.

그는 위와 같은 상황을 말하는 도중 눈시울을 붉혔습니다. 요즘 이건 아니라는 생각이 자주 든다고 했습니다. 자꾸 몸이 아프다고 하더군요. 불면증에도 시달리고 두통도 전보다 자주 생긴다고요.

저는 일단 속으로 삼키기만 했던 그의 여러 가지 감정이 밖으로 나오게끔 도왔습니다. 동시에 그의 생각의 공식들도 살폈습니다. 갈등을 만들지 말아야 한다는 믿음, 속내를 꺼내면 사람들이 불편해한다는 신념은 어디에서 왔는지, 왜 자꾸 그 늪에 빠지게 되는지에 대해 길고 긴 이야기를 나누었지요. 그리고 물었습니다.

"지금 가장 원하는 것은 무엇인가요?"

"…."

"지금 가장 절실한 욕구를 주저하지 말고 말해보세요."

"나를 지키고 싶어요!"

"네, 바로 그거였네요. 앞으로 이 문장을 꼭 기억해두세요. 이 문장을 생각의 공식 앞에 두세요."

그는 '나를 지키고 싶다'는 욕구, 안전감을 느끼고, 스스로를 보호하려는 당연한 욕구를 그동안 여러 가지 이유를 대면서 방치해왔습니다. 스스로 무시하려고 했었죠. 그러자 마음이 계속 신호를 보냈던 것입니다. '돌봐줘. 언제까지 참으라는 거야. 나를 알아봐줘' 하고요. 공감 중에서 가장 중요한 공감은, 바로 자신의 마음과 감정에 공감하는 것입니다. 자신마저 알아봐주지 않으면 결국 마음은 탈이 납니다.

당신은 훌륭한 리더가 되기를 원하나요? 아니면 행복한 리더가 되고 싶나요? 예전에는 둘 중 하나를 선택해야 했습니다. 성과 잘 내고 빨리 승진하고, 회사에서 인정받으려면 개인의 욕구쯤은 참아야 한다고 생각했죠. 그래서인지 일할 때 그들은 별로 행복해 보이지 않았습니다.

하지만 이제는 다릅니다. 리더가 행복해야 좋은 리더가 될 가능성이 높아집니다. 후배들은 일과 개인적 삶에서 균형을 잡을 줄 아는 리더, 즐거움을 음미할 줄 아는 리더, 스스로를 존중하고 같은 방식으로 주변 사람들을 대하는 리더를 원하고 있으니까요.

'현실치료 이론'을 만든 윌리엄 글래서의 말에 따르면, 사람은 욕구에 따라 선택하고, 그 선택이 곧 인생의 행복을 만든다고 합니다. 그는 인간의 다섯 가지 기본적인 욕구에 대해 이야기합니다.

우선 생존의 욕구입니다. 잘 먹고, 잘 자는 것이 기본이죠. 인간이라면 누구나 자신의 삶을 건강하고 활력 있게 만들고 싶어 합니다. 스스로를 보호할 수 있도록 안전을 추구하고, 편안하게 휴식을 누리고, 건강한 성생활을 하고, 맛있는 음식을 먹고, 따뜻하고 안락한 공간에 머물고 싶어 합니다.

다음은 사랑과 소속감의 욕구입니다. 우리는 누군가와 관계를 맺으며 연결되기를 바랍니다. 그들과 관심을 나누고, 우정과 사랑을 경험하고, 존중과 존경을 받고 싶어 하죠. 또 타인과 무엇인가를 공유함으로써 기쁨을 느끼고, 협력함으로써 연대를 확인하고 싶어 합니다.

힘의 욕구도 있습니다. 사람들은 존재감과 영향력을 가지고 싶어 합니다. 자신에게 주목해주기를 바라고, 유능한 사람이 되고 싶어 하죠. 누군가에게 의미 있고 중요한 사람이 되길 원하고, 도전과 성취와 성공을 경험하기를 원합니다.

즐거움의 욕구도 중요합니다. 누구나 잘 놀고 많이 웃으며 즐기는 것을 좋아하지요. 새로움과 변화를 통해서 의미와 재미를 경험하고 싶어 합니다.

자유의 욕구도 있습니다. 내 인생의 요소들을 스스로 자유롭게 선택하기를 원하죠. 누군가의 감시, 통제, 지시 없이 나의 생각과 뜻대로 선택하기를 바랍니다. 자립으로 독립하기를 원하고, 누군가로부터 속박되고 싶어 하지 않습니다.

자, 이제 위에 나와 있는 욕구들을 다시 한번 살펴보세요.

현재 당신의 삶이 원하는 욕구는 무엇인가요?
그동안 무시하고 있었던 욕구는 무엇인가요?
앞으로 집중해야 할 욕구는 어떤 것이죠?

욕구는 잘못이 없다

얼마 전 한 강연에서 이런 질문을 받았습니다.

"내가 참으면 모두가 행복하다는 마음으로 서운한 감정을 참고, 원하는 것이 있어도 포기하며 살았습니다. 하지만 꼭 나중에 폭발하게 되고, 억울하고 허전한 감정이 떠나질 않아서 대화 방식을 바꾸어보는 중입니다. 그러다 보니 예전 같으면 참고 넘어가던 것들도 표현하게 됐는데 분위기가 어색해지거나 '너무 내 생각만 하는 게 아닌가' 하는 생각에 오히려 불편해졌습니다. 감정과 욕구를 표현하고도 어색하고, 미안하고, 이래도 되는 건가 싶기도 합니다. 잘하고 있는 건가요…?"

네, 그럼요, 잘하고 있는 겁니다. 어떻게 한 번에 배우고, 깨닫고, 인식하고, 표현하고, 조절까지 할 수 있을까요. 단지 아직 강도 조절이 어려운 것뿐입니다. 감정의 크기가 1~10단계까지 있다고 해볼게요. 3단계 정도의 서운함을 말할 때는, 엄숙한 표정으로 회의실로 불러내서 '사실 내가 꼭 하고 싶은 말이 있어서 말이야…'라고 시작하지 않아도 괜찮습니다. 커피 한잔하면서 '저번에 한 말은 좀 서운하더라고. 다음에는 이렇게 해줬으면 좋겠어'라고 자신의 감정과 욕구를 슬쩍 흘리며 넘어가도 됩니다.

감정과 욕구는 '전달'이 최종 목표가 아닙니다. 내가 무엇을 느끼고 원하는지 상대방에게 당장 말하는 게 꼭 건강한 욕구 표출은 아니라는 뜻이죠. 그보다는 욕구와 감정을 자신의 내부에서 정리하는 과정이 훨씬 더 중요합니다. 느끼는 것과 원하는 것을 구분하고, 소화시키고, 일부는 버리기도 하면서 강약을 조절하는 것 말입니다. 그렇게 하다 보면 천천히 나와 너, 상황에 맞는 표현법을 알아가게 됩니다. 믿을 만하고 안전한 사람과 대화를 연습하거나 메모나 일기를 통해 자신의 감정과 욕구를 정리해보는 게 도움이 됩니다.

자신의 감정과 욕구를 느끼는 것에 대한 죄책감을 버리세요. 그 고비를 넘기면, 회의실에서도 직원과의 면담 자리에서도 보다 쉽게 열린 대화를 만들어나갈 수 있습니다. 후배들의 욕구를 더 알아보고 표현하도록 돕는 리더가 될 수 있습니다.

당신의 마음이 지금보다 조금 더 편안해지고, 마음속에 생기가 돌기를 원한다면, 억눌리고 소외된 욕구들에 관심을 주세요. 일터에서 충족될 수 없다면 개인적인 생활에서 방법을 찾으세요. 어떤 일을 할 때 호기심이 커지고, 흥미를 느끼고, 마음이 편안해지고, 몰입할 수 있는지 스스로를 관찰해보세요. 어릴 적 좋아했던 게임을 즐기거나 목공이나 피아노를 배우거나 등산을 시작할 수도 있습니다.

좋은 리더가 되기 위해 개인의 욕구를 포기하지 마세요. 말 그릇이 큰 리더로 성장하는 것은, 자신의 욕구에 귀 기울일 때 가능해집니다.

감정-공식-욕구
연결하기

제가 상담센터를 운영하고 있을 때의 일입니다. 데스크 업무를 맡을 직원이 새로 입사했고, 3주가 지났을 무렵 면담을 했습니다. 적응하느라 힘들지는 않은지 궁금했고, 맛있는 것도 사주면서 토닥이고 싶은 마음도 있었죠.

"3주간 일해보니까 어때요?" 질문을 하자마자 신입사원은 노트를 꺼내 듭니다. 그리고 3주 동안 일하면서 힘들었던 점들을 조목조목 따지기 시작했습니다. 근무와 교대시간의 문제, 아직 자리 잡히지 않은 프로세스의 문제, 고객관리의 아쉬움까지. 그 이야기를 듣다 보니 '나는 지금껏 뭐했나' 싶은 마음까지 들더군요.

갑자기 짜증이 몰려왔습니다. 듣기가 싫더라고요. '괜한 자리 마런했네' 싶었습니다. '사람이 부정적이군' 하는 생각도 스쳤습니다. 그러나 이 대화를 잘 이끌고 나가고 싶은 욕구도 동시에 일어났죠. 말에 걸려 넘어지지 않고 그 너머에 있는 사람의 마음을 보기로 한 것이죠.

첫 번째, 감정 알아차리기

먼저 나의 감정에 집중했습니다. 짜증, 서운함, 아쉬움이 느껴졌습니다. 걱정, 불안함도 같이 느껴졌죠. 이 중에서도 핵심감정은 걱정인 듯했습니다.

'저렇게 불만이 많다니. 그만두면 어쩌지. 사람 다시 뽑기도 힘든데.'

자극적 감정인 '불안'도 계속 신호를 보내왔습니다.

두 번째, 공식 알아차리기

이러한 감정에 영향을 미치고 있는 나의 자동 공식은 무엇일까 생각해봤습니다. 머릿속에 자동적으로 떠올랐던 생각을 살펴봅니다.

'요즘 친구들은 힘든 걸 견디지 못한다더니 정말이군.'

'사람이 부정적이네. 얼마나 일했다고 벌써….'

'센터장인 나한테 바로 이렇게 이야기하는 게 맞나?'

이렇게 상대를 평가하고 분석하는 문장들이 머릿속에 가득 찹니다. 또한 인생 주제 중 하나인 '거절과 버림'에 관한 생각들도 피어오릅니다.

'당신도 내 편이 아니군!'

만약 이러한 공식들을 스스로 인식하지 못한다면 대화는 이제 곧 진흙탕 속으로 곤두박질치게 될 것입니다. "고민 많이 했었네? 그런데 아까 말한 것들은…" 하면서 하나하나 조근조근 반박하게 될 것이기 때문입니다. 그 와중에 자기 방어의 말도 하게 될 것이고요. 부정적인 생각만 하지 말고 지금의 환경에서 최선을 다하라는 길고 긴 잔소리를 이어가게 되겠지요. '처음부터 완벽한 환경은 없으니 이제 함께 만들어가야 한다'는 압박까지 얹어서 말이에요.

세 번째, 욕구 알아차리기

마음을 가다듬고 이제 진짜 내가 원하는 게 무엇인지 알아봐야 합니다. 그래야 대화를 제대로 끌고 갈 수 있습니다. 지금 당장 듣기 불편한 직원의 말에 휘둘리는 대신, 스스로에게 묻습니다. '내가 정말 원하는 것은 무엇인가', '지금 대화에서 내가 상대방에게 전하고 싶은 메시지는 무엇인가'라고요.

'이 친구가 잘 적응하도록 돕고 싶다.'

저의 욕구는 이것이었습니다. 고심해서 채용한 친구가 혹시 바로 그만둘까 봐 걱정되었고, 일하면서도 괜히 부정적인 태도로 주변 사람들에게 영향을 주지 않을까 걱정되었던 것입니다.

이럴 때일수록 '원하는 것에 집중하는 대화'가 필요합니다. 욕구는 부정적 감정의 잿더미에 가려져 잘 보이지 않습니다. 서로 다른 입장에 서 있을 때, 상대방을 바꾸려고만 들면 공감과 협력은 깨져버리죠. 이미 한편이 아닌 셈입니다. 상대방이 '무엇을 말하는가? 그것이 타당한가?'를 따지기 전에 먼저 내가 원하는 것에 귀를 기울여야 방법을 찾을 수 있습니다. 흩날리는 시커먼 먼지 사이에서 아직 살아 있는 불씨를 찾아내야 합니다. 더 활활 타오르도록 바람을 불어넣어주어야 합니다.

"나는 함께 일하고 싶은데, 그 말을 들으니까 좀 걱정되고 불안하네요."

이렇게 나의 욕구를 드러내고 나니, 비로소 상대방의 욕구를 알아볼 마음이 생겼습니다.

"진짜 원하는 게 뭔지 궁금한데… 말해줄래요?"

그러자 직원이 이렇게 답하더군요.

"저도 오래 일하고 싶어요. 같이 일하시는 분들이 너무 좋아요. 그런데 저한테는 점심식사 시간과 휴식 시간이 정말 중요하거든요. 그래서 말씀드리는 거예요."

전혀 예상치 못했던 말이었습니다. 좀 전의 말만 들었을 때는 당장이라도 그만둘 것처럼 느껴졌으니까요. 그렇게 서로의 진짜 욕구에 대해 대화를 시작한 우리는, 그 시간을 통해 '오래 근무할 수 있는 직장이 되려면'이라는 주제로 이야기를 나눌 수 있었습니다. 덕분에 지금 당장 지원할 수 있는 것, 시간을 두고 천천히 개선해나가야 할 것, 실행하기는 어려운 것들에 대해서도 알 수 있었습니다.

대화의 길을 새롭게

비슷한 일은 또 있었습니다. 오전 일정을 마치고 오후 강의장소로 이동 중일 때 갑자기 회사에서 전화가 걸려왔습니다. 고객사에서 강의 내용을 갑자기 수정해달라는 요청을 해왔다는 것입니다. 바로 몇 시간 후에 진행되는 강의였는데, 회사 사정에 맞춰 예정에 없던 내용을 덧붙여달라는 것이었습니다. 당황스럽고 불편했습니다.

이번에도 마음을 가다듬고 자신의 욕구에 집중했습니다.

'내가 지금 가장 원하는 것은 무엇인가?'

불편하고 당황스러운 와중에도 '정해진 강의를 잘 마무리하고 싶다'가 바로 저의 핵심적인 욕구였습니다. 그것을 분명히 인식하고 나니 내용을 수정하는 게 더 이상 거슬리지 않았습니다. 그래서 요청을 수락하기로 했고, 그러자 마음이 진정되기 시작했습니다.

가는 도중, 그러한 요청을 해왔던 교육담당자의 욕구에 대해서도 생각해보았습니다. '그도 잘해내고 싶었겠지'라는 생각이 들더군요. 자사의 전 직원이 참여하는 교육인데, 실제로 직원들에게 도움도 되고, 상사에게 능력도 인정받고 싶었겠지요. 상대방의 욕구가 보이기 시작하자 동병상련의 마음이 들더군요.

그러다가 '어쩌면 상사의 지시였을 수도 있겠다'는 생각이 퍼뜩 들었습니다. 생각해보니 예전에도 종종 그런 일이 있었거든요. '짜증난다, 싫다'고만 여겼을 때는 기억조차 나지 않았던 일이었습니다. 도착해서 담당자를 보자마자 먼저 말을 건넸습니다.

"이번 과정을 진행하면서 고민 많이 하셨지요. 갑자기 요청해야 하는 건도 있어서 더 그러셨겠어요."

그러자 그 역시 "놀라셨죠. 죄송하게 됐습니다" 하며 난감한 표정을 지었습니다.

"아마 위에서 요청이 내려왔던 것 같은데 중간에서 힘드셨겠어요."

이렇게 감정과 마음을 헤아리니, 그가 '어떻게 아셨냐'며 하소연이 담긴 이야기를 풀어놓기 시작했습니다.

　욕구에 집중하면 대화하는 기쁨을 알게 됩니다. 나를 존중하고 상대방을 배려하는 과정에서 만족감과 뿌듯함을 느끼게 됩니다. 이야기의 기둥에 집중하게 됩니다. 그럴수록 일도 더 좋은 방향으로 흘러갑니다.

　그렇게 될 때 마침내 주변 사람들은 당신의 말에서 편안함을 느끼고, 당신이 하는 말에 귀 기울이게 됩니다. 그런 사람이 많아질수록 당신의 마음 역시 더 충만해지겠지요. 자신의 영향력을 확인하고 사람들에게 어떤 유산을 남겼는지 지켜보게 되면서 삶의 의미를 찾게 될 것입니다.

　그러니 힘든 대화 앞에서 자신의 감정 - 공식 - 욕구를 찾아 연결시켜보세요. 연습을 하면 할수록 드러나지 않았던 내면을 더 깊게 들여다보게 될 것이고, 당신의 말은 자연스럽게 깊어질 것입니다.

리더의 말그릇

Part 3

말 그릇에 존중을 담는다면

회피의
대화

"직원들은 팀장님이 동석한 회의에서 어떤 느낌이 들까요?"

"글쎄요… 특별히 잘하고 있다고 생각하지는 않습니다만… 그래도 누군가를 공격하거나 공개적으로 비난하는 행동은 하지 않으려고 주의하고 있습니다."

"네, 맞아요. 누군가를 직접적으로 공격하거나 비난하지는 않으셨죠."

S팀장의 회의 운영방식을 코칭하기 위해 미리 직원들과 인터뷰를 진행했었습니다. 그랬더니 직원들은 하나같이 "저희 팀장님은 몸으로 말해요"라고 하더군요. 과연 이것은 무슨 의미일까요?

그가 직접 이야기한 것처럼, 회의 중 그가 팀원들의 말을 끊거나 공개적으로 무시하고 폄하하는 발언을 한 적은 없었습니다. 대신 누군가의 보고가 좀 길어지는 듯하면 핸드폰을 바라봅니다. 보고자의 말이 꼬이기 시작하면 시선을 피합니다. 옆 사람에게 나지막한 목소리로 "그건 확인해봤어?" 하며 다른 화제를 꺼내기도 하고요. 종종 의자를 뒤로 젖혀 기지개를 펴거나 두 손으로 얼굴을 비비거나 머리를 유난히 긁적이는 행동을 보입니다.

태도로 사람들에게 메시지를 전달하는 셈이죠. 그래서 사람들은 그의 반응을 살피면서 더 말해도 될지, 그만 줄여야 할지를 조절합니다. 원래 준비해온 메시지에 집중하지 못한 채 그의 바디 사인에 신경을 쓰는 것이지요. 회의 중 팀원들의 눈은 모두 그를 향해 있습니다. 리더의 신호를 확인하면서 서로 눈빛을 교환합니다.

한 직원은 이렇게 말했습니다.

"의도적으로 무관심을 보이시는 것 같아요. 일종의 무시랄까? 차라리 말로 하는 게 덜 기분 나쁠 것 같아요."

그는 자신의 비언어적인 메시지의 영향력을 인식하지 못하고 있었습니다. "의견 차이가 있거나 실망스러울 때도 있었지만 무시한 적은 없었다"고 말했으니까요. 그의 입장에서 보면, 오히려 단호하게 끊을 수 없어 참고 기다린 셈입니다.

우리는 고맥락(high-context)의 의사소통을 합니다. 이러한 문화에서는 분위기나 뉘앙스, 관계 등 언어 외적인 것들이 중요해지고, 그러한 요인들에 많은 영향을 받습니다. 그렇기 때문에 상대방이 눈을 피하고, 성의 없게 대꾸하거나, 무표정 또는 무관심한 태도를 보이면 그것을 자연스레 '간접적인 무시'로 해석하게 되죠.

자신도 모르게 이러한 '간전접 무시'를 사용하는 사람들은 꽤 많습니다. 갈등을 드러내기 불편할 때, 말을 꺼내면 감정이 상할 것 같은 느낌이 들 때, 더 이상 말해봤자 소용없다는 마음이 쌓였을 때 상대방의 눈을 피합니다. 이러한 방법은 직접적으로 문제를 제기하는 것보다 확실히 더 편하게 느껴질 수 있죠.

하지만 이러한 커뮤니케이션의 단점은 모호함입니다. 명확한 의사소통을 방해합니다. 무시를 당한 사람도 딱히 꼬집어 말하기 어렵고, 상대방도 대부분 자신은 그럴 의도가 없었다고 생각하니까요. 게다가 개선의 여지를 가로막습니다. 어떤 점이 문제였고, 무엇을 보완해야 하는지에 대한 피드백을 나누기 어려워집니다. 그냥 묘하게 기분만 나빠지는 것입니다.

그룹코칭 중 만났던 한 리더는 '상사가 나를 싫어한다'는 확신을 가지고 있었습니다. 그렇게 생각하는 이유가 무엇인지, 어떤 상황에서 그런 느낌을 받았는지 묻자 "그냥, 눈빛이나… 표정… 그런 거 있잖아요. 당한 사람만 알 수 있는 느낌!"이라고 하더군요.

그는 상사가 왜 자기를 싫어하는지 모릅니다. 자신에 대한 피드백을 말로 직접 들은 적이 없으니 물어볼 수도 없습니다. 그렇기 때문에 무엇을 바꿔야 하는지도 모릅니다. 그러나 그 묘한 느낌 때문에 자꾸만 상사가 불편합니다. 가능하면 보고 횟수를 줄이고 싶고, 예민하고 까다로운 주제는 부딪치지 않는 방식으로 넘어가고 싶습니다. '느낌' 때문에 제대로 '일할 수 없게 된 것'입니다. 들리는 소문에 의하면, 그 상사가 다른 본부로 발령받은 날 속으로 조용히 웃었다고 하더군요.

생각해보면, 말보다 눈빛이 더 잔인할 때가 있습니다. 기대를 충족시키지 못했다는 이유로 받게 된 어떤 눈빛들은 말보다 절망적입니다. 특히 부모나 상사처럼, 관계 속에서 우위에 있는 사람들이 그러한 사인을 보내면 결국 '내가 부족한 탓'으로 귀결되고 말지요. 이런 마음으로는 하는 일에 몰입하고 도전하기 어렵습니다. 또다시 실수하지 않을 정도로만 움직이게 되지요.

앞의 사례에서 나왔던 것처럼, 갈등을 키우지 않기 위해 간접적으로 무시하는 방식을 취하는 대화를 '회피의 대화'라고 부릅니다.

여기에는 핵심이 빠져 있습니다. 나의 감정이나 구체적인 기대사항도 없고, 동시에 상대방의 상황에 대한 확인이나 인정도 사라져 있습니다. 한 팀으로서 우리가 무엇을 수정하며 합을 맞추어나가야 할지 예리하게 다듬을 수 없게 되지요.

회피의 대화를 사용하는 사람들은, 상대방과 나의 생각이 다를 때 '우리는 파트너로서 함께 해결방법을 찾을 수 있다'는 신뢰가 부족합니다. 나의 감정과 생각과 욕구를 드러내봤자 소용없다고 느끼며, 동시에 상대방의 것도 고려할 필요를 못 느끼죠.

나의 감정과 욕구를 말해도 소용없다.
상대방의 감정과 욕구는 잘못되었기 때문에 고려할 필요 없다.

이러한 잘못된 믿음을 가지고 있으면 대화는 의무적이고 형식적으로 흘러가게 마련입니다. 회의는 리더와 팀원 모두 자신들의 메시지를 디벨롭시키는 것을 목표로 삼아야 하는데, 회피의 대화 속에서는 분위기를 나쁘게 하지 않는 것, 각자 할 일을 마치고 서둘러 해산하는 게 최선이 되고 맙니다.

사람의 마음속에는 중요한 사람으로부터 인정받고, 자신이 가치 있고 의미 있는 존재가 되기를 바라는 욕구가 있습니다. 알버트 매슬로는 그의 욕구 이론(hierarchy of need)에서 그 마음을 자기존중의 욕구라고 불렀습니다. '어떤 것을 성취하려는 욕구와 그것을 타인에게서 인정받고 싶은 욕구'입니다.

존중받고 싶은 마음은 타인의 눈빛과 표정을 예리하게 포착하고 기억합니다. 자신을 외면하고 무시했던 장면들을 무의식 속에 새깁니다. 관계는 이러한 수많은 경험들이 쌓여서 만들어지는 것이고요.

동시에 그 마음을 알아봐준 사람 역시 새겨둡니다. 부족함이 있을 때 꾸짖기 전에 멋지게 해내고 싶었던 마음을 먼저 알아봐준 사람, 서로의 방식이 다를 때 사정과 상황을 이해하기 위해 먼저 질문을 던진 사람을 기억합니다. 그리고 '믿을 만한 사람'이라는 이름표를 붙여둡니다.

리더의 진가는 불편함을 다루는 능력에 달려 있습니다. '저건 아니야', '쟤 또 왜 저러냐' 싶은 생각이 들 때, 오히려 한 발 더 가까이 다가가세요. 갈등의 강 앞에서 돌아서지 말고, 튼튼한 다리를 놓아보세요. 그 다리로 일과 사람이 거뜬하게 오갈 수 있도록 말이에요.

최근 회피의 대화를 했던 적이 있나요? 그것은 언제인가요?
회피의 대화를 선택하게 된 이유는 무엇인가요?

힘의
대화

일터에서는 '회피의 대화' 못지않게 '힘의 대화'가 자주 목격됩니다. 직책과 연차는 쉽게 힘의 불균형을 일으키니까요. 힘의 대화는 두 가지의 믿음이 교차할 때 일어납니다. 하나는 지금 나의 감정과 상황이 가장 중요하고 내가 선택한 방식이 옳다는 믿음입니다. 다른 하나는 상대의 감정과 상황은 고려할 만한 것이 아니고, 그가 선택한 방식은 잘못되었다는 믿음입니다.

나의 감정과 상황이 가장 중요하고, 내가 선택한 방식이 옳다.
상대의 감정과 상황은 고려할 만하지 않고, 그가 선택한 방식은 잘못되었다.

이 덫에 갇히면 의식하지 않아도 힘을 휘두르게 됩니다. 따끔하게 정신을 차리게 하는 방식으로 상대를 바꾸려 합니다. 왜요? 옳다고 믿으니까요. 직책이나 경력, 지식이나 정보의 힘으로 상대를 밀어붙입니다.

앞선 사례에서, S팀장이 '간접적인 무시'를 사용했다면 '직접적인 무시'를 사용하는 리더들도 많습니다. 공개적으로 부정적인 평가를 늘어놓고, 남과 비교하고, 능력을 비판하고, 과격하게 감정을 표현하는 식으로 말이죠. 그들은 주로 이런 말을 사용합니다.

"됐고! 장황하게 늘어놓지 말고 핵심만 말해."
"그래서 원하는 게 뭔데?"
"그게 된다고 생각해?"
"네가 뭔데 그런 얘기를 하는 거야!"
"네가 책임질 거냐?"

얼마 전 뉴스에서 보았던 콜센터 직원의 눈물을 기억합니다. 그녀는 복용 중인 약을 보여주면서 '왜 사람들이 말 한마디에 극단적인 선택을 하는지 알겠다'고 했지요. 녹음기를 틀자 상사의 직접적인 무시들이 쏟아져 나옵니다.

"이런 건 3개월짜리 애도 하겠다."

"진짜 왜 그러냐~~~~ 답이 없다, 진짜."

"나 혈압 올라 쓰러지면 네가 책임져야 한다."

이러한 행동을 비인격적 감독(abusive supervision)이라고 칭하는데, 직접적인 신체 접촉을 제외한 상사의 언어적/비언어적 모욕, 관계와 조직에 부정적이고 파괴적인 영향력을 행사하는 행동 등이 포함됩니다.

연구에 따르면 이러한 타입의 상사와 일하게 되는 직원들은 심리적 스트레스, 부정적 태도, 정서적 소진 등을 경험하게 된다고 합니다. 자연스럽게 성과에도 부정적 영향을 끼치게 되고요.

뉴스에 나올 법한 일들이 지금 빌딩 숲 곳곳에서 일어나고 있습니다. 상사의 폭언으로 우울증이 생겨 정신과 치료를 받으며 약을 먹고 있다는 A, 스트레스로 몸이 아프고 급기야 병가까지 내고 쉬고 있다는 B, 이중 메시지로 교묘하게 사람을 괴롭히는 선배 때문에 극도로 예민해진 C, 답답하고 화가 많아져서 술만 먹으면 딴 사람이 된다는 D 등, 이런 사례는 우리 주변에서 흔하게 찾아볼 수 있습니다.

어제 강의에서도 '사무실에서 존중받지 못한다'고 외치는 사람들의 이야기를 들었습니다. 안타까운 것은 그 회사의 홈페이지에 떡하니 인간존중에 대한 길고 긴 설명이 나와 있다는 것입니다.

"자꾸 허드렛일을 시켜요. 저를 뭐라고 생각하는 걸까요?"

"어리다고 자꾸 반말을 합니다. 그러면서 프라이드를 가지고 일하라니요!"

"'그쪽 출신들을 다 그래?'라는 말을 자주 합니다. 제게 뭘 더 기대하는 걸까요!"

자신의 언행이 타인에게 어떤 감정과 생각을 일으키는지 인식하지 못하는 리더들이 있습니다. 말은 힘을 가집니다. 그것은 당신의 짐작보다 더 크고 파괴적일 수 있습니다. 같은 힘으로 휘둘러도 위에서 아래로 작용하면, 그 힘에 가속도가 붙습니다.

바로 아래에 '비인격적 조정행동'을 확인하는 열다섯 가지 문항을 준비해두었습니다. 혹시 당신에게도 이런 면이 있나요? 아니면 당신의 상사 중에 이런 행동을 하는 사람이 있나요? 다시 한번 찬찬히 살펴보시길 바랍니다.

1. 나를 조롱하듯이 대한다.

2. 내 생각이나 감정들을 한심하다고 말한다.

3. 나를 무시한다.

4. 다른 사람 앞에서 나를 깎아내린다.

5. 나의 사생활을 침해한다.

6. 나의 과거 실수나 실패들을 상기시킨다.

7. 내가 많은 노력을 기울이고 열심히 한 것에 대해 인정해주지 않는다.

8. 자신의 난처함을 감추기 위해 나를 비난한다.

9. 자신이 한 약속을 지키지 않는다.

10. 다른 이유로 화가 났을 때 그것을 나에게 푼다.

11. 다른 사람에게 나에 대한 부정적인 말을 한다.

12. 내게 무례하게 군다.

13. 내가 동료들과 함께 일하는 것을 허락하지 않는다.

14. 내가 무능력하다고 말한다.

15. 나에게 거짓말을 한다.

* Tepper, B. J.(2000). Consequences of abusive supervision. Academy of Management Journal, 43(2), 178-190.

비인격적인 리더십은 고의적이라기보다는 조직 성과를 달성하는 과정에서 잘못 굳어진 경우가 많습니다. 상황이 답답하고 뜻대로 안 되니 감정조절이 힘들고, 상대방을 협박하고 수치심을 주어서라도 원하는 결과를 만들어야겠다는 패턴이 잘못 자리 잡은 것이죠.

그러나 '힘의 대화'는 사용하면 할수록 스스로 파놓은 함정에 자신이 빠지게 됩니다. 갈수록 힘을 쓰지 않고는 되는 일이 없거든요. 혈압이 오를 만큼 에너지를 사용하는데도 직원들은 갈수록 입을 다물고, 생각하지 않고, 움직이지 않습니다. 그만큼 자신이 감당해야 하는 일은 더 많아질 테고요.

며칠 전, 강의를 마치고 고객사의 임원과 차 한잔 마실 기회가 생겼습니다. 그는 자사에서 제작한 새 핸드폰 케이스를 가져왔다며 제 핸드폰을 달라고 했습니다. 케이스가 많이 낡은 상태였으니까요. 그러더니 '괜찮냐'고 물어보지도 않고 기존의 것을 벗기고 번쩍번쩍 빛나는 새 케이스를 끼워줍니다. 그러면서 만족한 얼굴로 "참 좋죠" 하더군요. 동석한 사람들도 있었기에 그 자리에서는 내색하지 않았지만 속으로 저는 이런 생각을 하고 있었죠.

'아이가 좋아하는 물고기 스티커 붙여준 건데. 그게 좋아서 그냥 쓰고 있었던 건데.'

참 좋은 것도 일방적이면 '강압적인 힘'이 됩니다. 선의가 다르게 전달됩니다. 그러니 내게 힘이 있을수록 '나는 좋아도 너는 싫을 수 있다'는 것을 항상 기억해야 합니다.

일을 하라고 사람을 떠미는 데 힘을 사용하는 대신, 마음을 끌어오는 데 사용하세요. 그것을 위해서 나의 감정과 상황이 중요한만큼 상대방의 감정과 상황도 중요하다는 것, 내가 선택한 방법이 정답이 아닐 수 있고, 내가 알고 있는 게 전부가 아닐 수 있다는 것을 항상 기억하세요. 이것들을 잊지 않을 때 힘은 올바른 방향으로 작동됩니다. 그리고 이것이 바로 존중의 대화를 사용하는 리더들의 특징이기도 합니다.

최근에 힘의 대화를 했던 적이 있나요? 그때는 언제였나요?
힘의 대화를 선택하게 된 이유는 무엇인가요?

존중의 대화
선택하기

제가 관찰했던 한 리더는 이제 막 보고를 마친 직원에게 이렇게 묻더군요.

"수고했네. 혹시 발표하면서 스스로 어떤 것들이 정리되었나?"

직원은 보고하면서 느낀 점을 말하고, 앞으로의 계획까지 보태었습니다. 리더는 "나는 미처 몰랐던 상황이 있었군. 고마움을 전하고 싶네. 그런데 한 가지 우려되는 게 있어서 명확하게 하고 싶네만"이라고 말을 이어갔습니다. 그런 후 몇 가지 질문을 더하고 간단한 피드백을 보태었죠.

이 대화에서는 아무도 눈을 피할 이유가 없었습니다. "나보고 지금 뭘 들으라는 거야!"라는 식의 말도 오가지 않았죠. 예리한 질문이 오갔지만 사람을 찌르는 게 아닌, 업무를 파악하는 데 필요한 것들이었고요. 보고를 마친 후 구체적인 액션 플랜들까지 정리되었습니다. 이 리더는 무엇이 달랐던 것일까요?

존중이라는 말은 영어로 Respect입니다. 이 단어의 어원을 살펴보면 'Re'와 'spec', 즉 '다시' '보다'라는 의미가 포함되어 있습니다. '다시 보다'는 말이 어떻게 존중으로 이어질까요? 우리는 과연 무엇을 다시 보아야 할까요?

우리가 존중의 대화를 하지 못하는 이유는 '내가 보고 싶은 것만 보기 때문'입니다.

존중의 마음을 돌보고 싶다면, '보는 것'이 바뀌어야 합니다. 보고 싶은 것 대신 봐야 하는 것에 집중해야 하죠.

혹시 '조망수용(perspective taking)'이라는 개념을 들어본 적 있나요? 자기만의 시야에서 벗어나 더 많은 것을 보는 것을 뜻합니다. 즉, 다른 사람의 입장, 상황, 관점을 추론하는 능력이죠. 셀만이 얘기하는 사회적 조망수용 이론에 따르면, 이 능력은 나이가 들면서 조금씩 발달한다고 합니다.

0단계(3~6세)를 자기중심적 관점수용 단계라고 하는데, 이 시기에는 다른 사람에게도 생각과 느낌이 있다는 것을 이해하지 못합니다. 세상의 중심이 자신입니다. 타인 역시 자신과 똑같은 생각과 느낌을 가지고 있을 것이라고 믿지요. 그래서 아이들은 엄마 생일 선물로 딱지를 선물하면서도 "엄마, 마음에 들지?"하며 혼자 만족스러워합니다.

1단계(6~8세)는 사회정보적 조망수용 단계입니다. 이제 동일한 상황에서도 서로 다른 조망을 가질 수 있음을 이해하지만, 일상에 제대로 적용하기는 어렵습니다. 자신의 말과 행동이 다른 사람에게 어떻게 보일지 스스로 평가하기 어렵죠. 제 아들은 이제 딱지 대신 머리핀을 선물로 줍니다. 그러나 캐릭터가 그려진 노란색 플라스틱 핀을 자랑스럽게 건네죠.

2단계(8~10세)는 자기반성적 조망수용 단계입니다. 이때부터 나와 타인의 조망을 헤아릴 수 있게 됩니다. 다른 사람의 입장에서 자신의 행동을 평가해볼 수 있고, 그 사람의 의도나 목적을 이해할 수 있지요. 그러나 동시에 '너와 나의 입장'을 고려하기는 어렵습니다. 전체 상황을 조망하면서 대화하기는 힘들죠.

3단계(10~12세)는 상호적 조망수용 단계입니다. 이제 드디어 자신과 타인의 조망을 각각 그리고 동시에 이해할 수 있게 됩니다. 관계에서 갈등 상황이 생겼을 때, 제3자의 입장에서 객관적으로 문제를 생각할 수 있습니다. 이 단계에서는 '마음이 어때?', '지금 어떤 상황이야?', '뭘 원해?'라고 상대의 조망을 질문할 줄 알게 됩니다.

4단계(12~15세)는 사회적 조망수용 단계입니다. 사회 구성원으로서의 일반화된 조망, 사회적 약속과 원리 등을 이해할 수 있게 됩니다. 동시에 동일한 상황을 바라보는 시각이 다르다고 해서 그 조망이 틀린 게 아님을 이해하고, 아무리 노력해도 다른 사람의 조망을 완전하게 이해할 수 없다는 것도 알게 되지요.

자, 이제 우리의 조망능력을 확인할 차례입니다. 열두 살이 되면 상호적 조망수용이 가능해지는데, 당신의 조망권은 어떤가요? 갈등과 차이에 부딪힐 때 무엇을 보고, 무엇을 보지 않으려고 하나요?

관계 속에는 나의 조망과 상대의 조망이 동시에 존재합니다. 무엇을, 얼마나 보는가에 따라 대화의 방향과 수준이 달라집니다.

우리는 앞에서 '회피의 대화'와 '힘의 대화'에 대해 알아보았습니다. 회피의 대화를 사용하면 서로의 조망을 살피지 못합니다. 의무적으로 결론을 내리는 데만 집중하기 때문에 나와 너의 마음을 존중할 수 없습니다.

힘의 대화를 하는 사람은 자신의 조망에만 관심 있습니다. 자신의 해석만 보면서 상대를 파악했다고 믿기 때문에 더 알아보고 싶

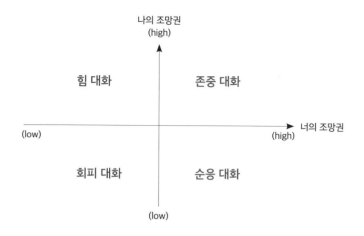

은 게 없습니다. '부족하군', '멀었어' 이렇게 평가를 끝내고 자신이 옳다고 믿는 것을 밀어붙입니다. 많이 말하고, 빨리 말하지요.

반대로 '순응 대화'는, 상대의 조망에만 신경 쓰는 것입니다. 어떤 사람들은 '네, 알겠습니다', '저는 다 괜찮습니다.' 하며 대화를 이어나갑니다. '혹시 내 말에 기분 나쁘지는 않았을까?' 걱정하며 시선을 타인에게 고정시키지요. 자신이 느끼고 원하는 것은 가능하면 숨기고, 드러내지 않습니다.

'아니요', '어렵습니다' 하고 말하기 힘들어 어떻게든 들어주고 맞춰주려 하지만, 그럴수록 나의 조망권은 돌볼 수 없게 됩니다. 점점 더 참고 내어주게 되지요. 이런 대화 방식을 계속 고수한다면 자존감을 지키며 편안하게 대화하기 어렵습니다. 돌아서서 후회하고, 자책하다가 결국 '내가 이렇게까지 하면서 일해야 하는가' 라고 고민하는 순간을 맞이하게 되지요.

존중의 대화는 무엇이 다른가?

반면 존중의 대화를 사용하는 사람들은 나와 상대방이 모두 중요하다는 것을 압니다. 동시에 내가 옳다고 믿는 것도 타인의 관점에서는 다르게 해석될 수 있음을 받아들이죠.

나의 감정과 상황이 중요한 만큼 상대방의 감정과 상황도 고려해야 한다.
내가 선택한 방식이 정답이 아닐 수 있고, 내가 알고 있는 게 전부가 아닐 수 있다.

이런 방식을 사용하면 갈등을 다룬다고 관계가 무너지지 않습니다. 다른 방식과 의견이 부딪힐 때 지하층에 흐르는 진심을 봅니다. 언어로 미처 표현되지 못한 정당한 감정과 '잘해내고 싶다' 는 타당한 욕구를 인지하며 대화하기 때문에 서로를 비난하지 않게 됩니다.

존중의 대화를 하는 사람의 말은 일방적이지 않습니다. '대화를 더 해보자'는 태도를 가지고, 상대방의 감정과 기대, 믿음을 알아보려고 합니다. 나와 다른 생각을 가지고 있다고 틀렸다고 판단하거나 상대방의 태도와 동기를 다 알고 있다고 쉽게 판단하지 않으려 노력합니다.

말을 독점하지 않고, 질문과 주장 사이에서 균형을 잡습니다. 결국 그 과정 속에서 원하는 그림이 명확해지고 구체적인 계획이 세워집니다. 진짜 원하는 것을 꺼내어 다룰 수 있기 때문에 대안을 찾는 말이 오고 갑니다. 참는 게 아니라 기다리는 것, 희생이 아닌 협력이 가능해집니다.

그리고 이러한 대화의 터널을 거쳐 합의된 결과는 서로의 책임을 이끌어냅니다. 설령 다른 사람의 의견이 선택되었다고 해서 무시당했다고 느끼지 않습니다. 기분 좋을 것까지야 없지만, 상대방 역시 최선을 다했다는 것을 인정하게 되니까요.

존중의 대화를 사용하는 사람들은 말에만 빠져 있지 않고 고개를 들어 사람을 봅니다. 보고서만 뚫어져라 보지 않고, 보고서를 작성하는 사람의 마음까지 읽어보려고 합니다.

앞으로 우리는 점점 더 다양한 조망을 가진 사람들과 함께 일하게 될 것입니다. 그들과 제대로 소통하며 생산성을 높이는 게 리더의 핵심역량이 될 것입니다. 일과 관계, 둘 중 하나도 포기할 수 없기 때문에 서로의 진심을 묵살하지 않고 대화하는 방법을 배워야 합니다.

그러나 과연 그런 이유만 있는 것일까요? 우리가 '존중의 대화'를 연습하는 가장 궁극적인 이유는, 그것이 옳다는 것을 알고 있기 때문입니다. 늘 일에 치여 피곤한 인생이지만, 할 수만 있다면 주변 사람들의 진심을 살피고, 그들이 가능성을 발휘하도록 돕고 싶은 선의가 우리 내면에 있기 때문입니다.

이제, 옳다고 믿는 것을 선택하면 됩니다. 힘의 대화나 회피의 대화를 할 때보다 시간과 에너지가 좀 더 필요할 수는 있습니다. 그러나 이것은 운전을 배울 때와 같습니다. 처음에는 모의 주행에도 진이 빠지고 피로해지지만, 좀 익숙해지면 괜찮습니다. 자동모드 상태가 되면 덜 힘들이고도 능숙하게 제 길을 찾고, 먼 곳까지 나아갈 수 있게 될 것입니다.

이제 무엇이
보이나요?

제가 30대 초반에 경험했던 일입니다. 그때 저는 한 회사의 교육팀에서 선임 강사직을 맡고 있었죠. 그날은 보직발령으로 최근에 합류하게 된 C과장을 포함해 팀원들과 교육기획 회의를 하던 중이었습니다.

그런데 아까부터 그가 자꾸 '딴소리'를 합니다. 사전에 합의된 사항에 대해 '이런 게 현장에서 도움이 되겠느냐. 차라리 인력보충이나 해주는 게 낫다', '마인드 교육 이런 거 하지 말고, 영업멘트 직무교육부터 하자' 이런 식으로 자꾸 문제를 제기하며 회의 진행을 방해했습니다.

저도 처음부터 언성을 높이려던 것은 아니었습니다. 공감도 해보려고 했지요. 그런데 자꾸 '저렇게 부정적이니까 저번 팀에서 전출된 게 아닐까' 하는 생각이 들더군요. 아마 의식하지 못하는 사이 그의 의견을 무시하는 기색도 내비쳤겠지요. 그리고 마침내 그가 다른 팀원들의 의견들까지 모조리 무시하는 듯한 (지금 생각해보면 제 감정에 근거한 판단이었다고 생각되지만) 발언을 하자, 순간적으로 욱하고 말았습니다.

"과장님, 그렇게 부정적인 태도로 어떻게 일하시겠습니까!"

몇 번의 공격과 방어가 오고 갔습니다. '현장을 위한 교육과정을 개발하자'는 목표는 어느새 사라지고 적대적인 분위기만 감돌았지요. 보다 못한 동료들이 "그만하시죠"라며 만류했고, C과장은 얼굴이 벌겋게 달아오른 채 씩씩거렸습니다.

"말이 지나쳤어요. 죄송합니다"라고 먼저 사과를 했지만, 이후 그는 좀처럼 회의시간에 입을 열지 않았습니다. 강사들과 협력해야 할 때도 후배들을 통해서만 소통을 했고, 결국 제가 먼저 회사를 그만둘 때까지 불편한 사이로 남게 되었죠.

10년이 넘게 흐른 지금도 그 대화가 가끔 생각납니다. 그때의 저는 제가 옳다는 믿음에서 벗어나기 어려웠습니다. '뭘 알고 저렇게 말하는 거야?', '저런 태도로 우리 팀에 무슨 도움이 되겠어?' 하는 생각과 그의 언행이 불쾌하다는 것에만 사로잡혀 있었죠.

저는 무엇을 놓쳤던 걸까요? 만약 그때로 돌아간다면 무엇을 다시 보도록 해야 할까요? 그 상황에서 존중의 대화를 하려면 어떻게 해야 할까요? 지금의 저라면 그때와는 다르게 대화할 수 있을 거라고 생각합니다.

"과장님, 현장에서 바로 적용할 수 있는 교육이 필요하다고 보시는 거죠?"

"그렇죠. 다들 바쁘잖아요."

"저희가 준비한 교육과정이 그렇지 못해서 답답하신가 봐요.(타인의 감정보기)"

"뭐… 답답하기보다는… 더 도움이 되고 싶은 거죠."

"과장님의 현장경험을 이번 기획에 녹였으면 좋겠네요. 그런 역할을 하시려는 거죠?(타인의 욕구 보기)"

"아… 사실 저는 현장경험이 많을 뿐 교육과정을 준비하는 것은 잘 몰라요."

"제가 도와드릴 수 있어요. 그런데 제가 좀 서운한 마음이 드네요. 지금까지 해온 저의 노력들이 인정받지 못하는 것 같아서요. 저도 이 프로젝트에 도움이 되고 싶거든요.(나의 감정과 욕구 보기)"

"아아, 그런 의도는 아니었어요."

"알고 있어요. 우리 모두 교육과정을 잘 개발해보고 싶어서 모인 거니까요."

"그렇죠. 방식은 좀 다르지만 다들 그런 마음으로 일하는 거 아닙니까."

"네, 맞아요. 그런데 지금은 서로 다른 출발선에 서 있는 것 같아요. 관점의 차이를 좁히기 위해 무엇을 더 이야기해봐야 할까요? 현장 교육에서 가장 중요한 게 뭐라고 보세요? 혹시 제가 더 설명해드려야 할 부분이 있을까요?(생각을 확인하는 질문하기)"

결국 이 과정에서 누군가의 의견이 더 높게 반영될 수는 있지만 그것만으로 '무시당했다'고 느끼지는 않았을 것입니다. 또한 우리는 한 팀이고 갈등이 생겼을 때 서로를 존중하는 방식을 알고 있다는 믿음 역시 쌓였을 것입니다.

'지금 나는 무엇을 보고 있는가?'
'이제 나는 무엇을 보아야 하는가?'

갈등의 상황에서 길을 잃지 않기 위해 기억해야 할 것은 바로 위의 두 가지 질문입니다. 예전의 저는 그에게서 사사건건 꼬투리를 잡고 반대하는 말, 빈정거리는 듯한 태도만 보았습니다. 누군가에게서 들었던 부정적인 평가를 떠올리며 그의 능력을 불신했죠. 그의 선의나 진심이 무엇인지 알아보려고 하지 않았습니다.

반대로 제게는 충분한 동기와 진심이 있다고 보았죠. 지금껏 수고한 노력과 업무에 기여하고 싶은 열정을 몰라주니 답답하고 억울했습니다. 그의 부정적인 대우에 화가 났고요. 생각할수록 나의 감정과 의도는 정당하다는 확신이 들었습니다.

결과를 바꾸고 싶다면, 무엇을 다르게 보아야 할까요?

대화의 결과를 바꾸고 싶다면, 그동안 무시해왔던 것들을 다시 봐야 합니다. 느끼고 있는 것, 믿고 있는 것, 원하고 있는 게 무엇인지를 확인해야 하죠. 어쩐지 낯이 익다고요? 네, 그렇습니다. 바로 2부에서 다루었던 마음의 세 가지 요소들이죠. 조망 능력이 발달한 사람은 존중의 대화를 하기에 앞서 이 세 가지 요인에 대한 답을 먼저 찾습니다.

우리는 무엇을 느끼고 있는가?
우리는 무엇을 진실이라고 믿고 있는가?
우리는 무엇을 원하고 있는가?

이때 '우리'라는 단어에 주목했으면 좋겠습니다. 존중의 대화는 한쪽을 소외시키지 않습니다. 내가 느끼고, 믿고, 원하는 것과 상대방이 느끼고, 믿고, 원하는 것을 함께 보아야 합니다.

인식하고 바라본다

먼저 내가 느끼고 있는 것, 진실이라고 믿는 것, 원하는 것이 무엇인지 감지해야 합니다. 말하기 전에, 나의 내면에서 일어나는 프로세스를 알아차리는 게 먼저입니다. 저는 이것을 'Sense의 단계'라고 부릅니다.

> Sense : 나의 감정, 생각, 의도(욕구)를 감지하는 단계
>
> 나는 _____ 라고 느끼는구나.
>
> 나는 _____ 가 중요하다고/진실이라고/옳다고 생각하는구나.
>
> 나는 _____ 를 원하는구나/기대하는구나/잘하고 싶구나.

앞선 사례에서 저의 감정을 먼저 들여다봤다면 무엇을 느낄 수 있었을까요? '화'로 표현되었던 감정의 이면에는 서운함이 자리하고 있었습니다. 그것을 알아챘다면 격앙되어 소리를 높이는 대신, '내 노력을 알아주지 않는 것 같아 서운하다'고 표현했을 것입니다. 그러나 예전에는 내면의 감정을 감지하지 않고, 상대방의 말을

받아칠 생각만 했지요. 감정의 교통정리를 하지 않은 채 대화에 뛰어들고 있었던 것입니다.

저의 생각, 고정된 믿음에 대해서도 다시 들여다볼까요. 저는 이미 기획해놓은 걸 바꿀 수는 없다고 믿었습니다. 그래서 그를 설득해야 한다고만 생각했죠. 교육을 진행해본 경험이 많았기 때문에 내 의견이 옳다고 굳게 믿고 있었고, 그 때문에 더 새로운 게 있는지 알아보려고 하지 않았습니다. 현장에서는 어떻게 보일지, 기획된 교육과정에 새로운 아이디어를 어떻게 보탤 수 있을지에 대한 가능성을 아예 차단해버렸죠.

이번에는 욕구를 들여다볼까요. 그를 무안하게 하려던 것은 아니었습니다. 현장의 소리를 반영해야 한다는 의견에는 동의하지만 나의 노력도 인정받고 싶은 마음이었죠. 그때 저는 그것을 직접 표현했어야 했습니다. '제 노력을 인정해주기를 바란다'고요. 그랬더라면 불필요한 말들로 괜한 오해를 만들거나 상대방과 감정적으로 맞서지 않았을 것입니다.

우리는 의식하기만 하면 충분히 Sense의 단계를 수행할 수 있습니다. 메타 뷰(meta view)라는 인지기능 덕분이죠. 즉시 반응하지 않고 나를 지켜보는 능력을 말합니다. 즉, 우리는 한 발 물러나 상황을 바라보고, 말하면서도 말하고 있는 나를 관찰할 수 있습니다. 이렇게 나의 감정, 생각, 욕구들을 알아차리면 대화 도중 핵심을 놓치고 감정이 변질되는 것을 막을 수 있습니다.

동시에 'See의 단계' 역시 중요합니다. 이번에는 고개를 들어 상대방을 관찰해야 합니다. 상대가 느끼고 있는 것, 진실이라고 믿고 있는 것, 원하고 있는 것이 무엇인지를 파악해야 합니다.

See : 상대방의 감정, 생각, 의도(욕구)를 관찰하는 단계

상대는 _____ 라고 느끼는구나.

상대는 _____ 가 중요하다고/진실이라고/옳다고 생각하는구나.

상대는 _____ 을 원하는구나/기대하는구나/잘하고 싶구나.

C과장의 감정을 다시 봅니다. 그는 답답하고 걱정스러웠을 것입니다. 속상함, 두려움을 느꼈을지도 모르죠. 앞으로 이 사람들과 어떻게 같이 일할까 싶었을 것입니다. 그러나 그도 감정을 인식하고 표현하는 일에 서툴렀기 때문에 미처 알아차리지 못했죠. 때문에 제가 감정을 강하게 표현할수록 그 역시 방어적 감정과 통제적 감정을 휘둘렀습니다. 걱정과 속상함, 두려움을 숨기고 '화'와 닮은 감정을 드러냈죠.

그렇다면 그에게 의미 있는 진실은 무엇이었을까요? 그가 어떤 자동화된 공식을 가지고 있었는지 정확히 알 수는 없습니다. 그러

나 현장에서 일해본 사람만이 현장을 이해할 수 있다고 생각하는 것 같았습니다. 제가 현장을 잘 모른다고 생각했던 것 같고요. 기획안에 변화를 주기 위해서 아예 판을 바꿔야 한다고 생각했을지도 모르죠.

욕구도 다시 살펴볼까요. 제가 그랬듯 그도 현장에 실질적으로 도움이 되는 교육과정을 만들고 싶었을 것입니다. 현장 경험을 반영한 교육 프로그램을 만들고 싶었을 테죠. 어쩌면 교육과정을 기획한 경험이 많지 않았기 때문에 더 강하게 자신의 목소리를 내고 싶었을지도 모릅니다.

이렇게 상대방의 3요소를 관찰하면 공감하기가 훨씬 쉬워집니다. 거친 말투에 가려진 진짜 마음을 보게 되니까요. 상대방을 설득하려고 달려들기 전에, 그가 그렇게 생각할 수밖에 없는 관점을 바라보면 더 좋은 대화의 방향이 보입니다.

따라서 존중의 대화를 나누려면, '나의 관점'을 설명하기 전에 '상대방의 관점'을 먼저 인정해주는 게 좋습니다. 내 것을 먼저 말하면 상대방은 귀를 막지만, 상대방의 관점에 먼저 공감하면 심리적인 여유와 받아들일 마음이 생기기 때문에 보다 호의적인 태도를 보이게 됩니다. 그 후에 나의 관점을 보여주어야 합니다. 그럴 때도 정확하고 안전한 방식으로 이야기해야 하죠.

앞의 사례처럼 상대방의 생각이 쉽게 드러나지 않는 경우도 있습니다. 그럴 때는 물어보세요. '무엇을 가장 중요하게 생각하는지', '어떤 의미로 받아들이고 있는지' 말입니다. 혹은 상대방의 감정과 욕구에 먼저 집중해보는 것도 괜찮습니다. 생각은 겹겹이 감추어져 있는 반면, 감정은 비언어적으로도 드러나기 때문에 알아보기가 한결 쉽죠. 대화의 목표나 각자의 역할과 책임, 기대와 바람에 초점을 맞추면 욕구 또한 알아차리기 수월합니다.

무엇이든 '마음먹기'가 중요하지만, 존중의 대화는 마음만으로는 잘되지 않습니다. 갈등 앞에서는 조급해지고, 부정적인 감정에 휩싸이고, 생각의 터널에 갇히게 되는 것이 사람의 본능이니까요. 따라서 훈련이 필요합니다. 운전할 때 전방을 주시하고, 낯선 갈림길에서 내비게이션 소리에 신경을 집중하듯 길을 살피는 마음으로 상대방의 마음을 살펴야 합니다.

'다시 보는 연습'을 함으로써 조망능력은 좋아집니다. 감정이입이 잘 안 된다고 실망하지 마세요. 이것은 인지적인 공감의 과정이기 때문에 회의 테이블상에서 가슴이 뜨겁지 않아도, 상대에게 깊은 친밀감이 없어도 노력하면 실력이 좋아집니다. 약간의 위안이 되지 않나요?

생각의
차이 앞에서

리더가 직원에게 "보고서 준비는 잘되어가냐"고 묻습니다. 그러자 그는 "아… 진짜 김대리랑 같이 일 못 하겠어요"라고 말문을 엽니다. 경험도 없고 센스도 없고 그렇다고 후배라고 살갑기를 하나, 같이 일하면 자기만 죽어난다고 하소연을 합니다. 듣고 있던 리더는 문득 이런 생각을 떠올립니다.

'네가 잘 챙기지 못한 것은 아니고?'
'아닌데…? 나랑 일할 때는 싹싹하고 부지런하던데.'
'너는 쉬운 후배인 줄 아니?'

존중의 대화에 들어서기도 전에 '평가'의 함정에 빠집니다. 물론 부지불식간에 떠오르는 생각까지 차단하기는 어렵지요. 일단 늪이라는 부정적 생각에 흠뻑 빠지기 전에 빠져나와야 합니다. 이곳은 목적지가 아니라는 것을 빨리 알아차리고 본래 가려던 곳으로 생각의 방향을 돌려야 합니다.

'그는 무엇을 중요하게 생각하는가?'
'그는 무엇이 옳다고 생각하는가?'
'그에게 의미 있는 진실은 무엇인가?'

이러한 질문들을 상기하면, 판단에 빠지기 전에 상대방의 입장을 조금 더 헤아릴 수 있습니다.

생각의 차이 앞에서 올바른 방향 찾기

만약 생각의 차이 앞에서 자꾸만 어떤 생각의 공식에 빠진다면, 더 말하려 하기 전에 자신의 사고습관을 점검해보아야 합니다. 사람들은 저마다 까다로운 대화와 마주할 때 습관적으로 작동하는 심리모델을 가지고 있습니다. 〈하버드 비즈니스 리뷰〉에서 빌 누난은 이러한 심리모델을 두 가지 용어로 설명합니다. '현상유지 심리모델'과 '상호학습 심리모델'로 말이지요.

먼저 현상유지 심리모델을 가진 사람들은 다른 생각과 마주할 때 자신의 것을 고집하는 입장을 취합니다. 대화의 주도권을 가져오려고 합니다. 그 때문에 비생산적인 사고습관이 작동하지요.

1. **내가 옳다고 가정한다.** "잘못 알고 있다는 것을 깨닫게 해줘야지!"

2. **자신을 타인보다 더 합리적이라고 본다.** "설명해주면 알아들을 거야."

3. **상대방에게 부정적인 특성이 있다고 본다.** "쟤는 시야가 너무 좁아."

4. **문제의 책임을 상대에게 전가한다.** "저렇게 하니 일이 될 리가 있어?"

5. **당황스러운 상황을 피한다.** "내 일도 바빠 죽겠는데, 뭘."

반대로 '상호학습 심리모델'을 가진 사람들은 갈등을 학습으로 받아들입니다. 이들은 생산적인 사고습관을 가지고 있기 때문에 어렵고 까다로운 대화에서 새로운 주제를 발견할 줄 압니다.

1. **우리의 지식이 불완전하다고 가정한다.** "내가 옳을 수도 있지만, 틀릴 수도 있지."

2. **다른 사람의 관점도 정당하다고 인정한다.** "그럴 만한 이유가 있을 거야."

3. **상대방에게 긍정적인 의도가 있다고 가정한다.** "후배도 잘해보고 싶어서

그런 거지."

4. 문제가 발생하는 데 있어 자신의 역할을 인정한다. "같이 이야기해봐야겠어."

5. 학습을 환영한다. "대화를 통해 서로에게 배울 점이 있어."

존중의 대화는 너와 내가 연결된 상태에서 차이를 다루는 방식입니다. 이때, '질문'이야말로 관계를 이어주는 징검다리의 역할을 하지요. 올바른 질문을 많이 할수록 더 많은 다리가 놓입니다. 그럴수록 어렵고, 까다롭고, 무거운 대화도 거뜬히 주고받을 수 있게 되지요.

한편 행동과학자 크리스 아지리스는 '추론의 사다리'라는 개념을 통해 우리가 무엇을 질문해야 할지 알려줍니다. 그의 설명에 따르면 똑같은 사실과 자료, 경험과 현상 앞에서도 우리는 자신의 경험에 비추어 필터링을 하면서 필요한 자료들만 취사선택한다고 합니다. 또 선택한 것들에 자신만의 의미를 부여하고 그것이 진실이라고 믿으며, 그 결론에 따라 말하고 행동한다고 말합니다.

우리가 내린 결론은 여러 차례의 해석 과정을 거친 것입니다. 따라서 생각의 차이를 다룰 때, 상대방이 그러한 결론에 도달하기까지 어떤 과정을 거쳤는지 알아보면 좋습니다. 즉, 상대방이 자신의 경험과 고민, 자료에 어떤 의미를 부여하고 해석해서 이러한 결론에 도달했는지, 그 과정을 '더 이해하기 위해' 질문을 던져보세요.

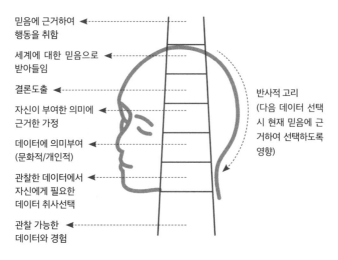

믿음에 근거하여
행동을 취함

세계에 대한 믿음으로
받아들임

결론도출

자신이 부여한 의미에
근거한 가정

데이터에 의미부여
(문화적/개인적)

관찰한 데이터에서
자신에게 필요한
데이터 취사선택

관찰 가능한
데이터와 경험

반사적 고리
(다음 데이터 선택
시 현재 믿음에 근
거하여 선택하도록
영향)

크리스 아지리스의 추론의 사다리

구체적인 경험을 묻는 질문

"더 구체적으로 말해줄래요?"

"가장 힘들었던 때는 언제인가요?"

"혹시 내가 모르는 일들이 있었나요?"

"이전에도 이런 비슷한 일이 있었나요?"

"결정적인 사건이 있었나요?"

의미와 해석을 묻는 질문

"당신은 그것을 어떻게 받아들였나요?"

"당신에게 가장 중요한 것은 무엇인가요?"

"당신에게 그것은 어떤 의미가 있나요?"

"그때 어떤 생각이 들었나요?"

"그 말은 무슨 뜻인가요?"

생각의 결론을 묻는 질문

"앞으로 어떻게 하고 싶나요?"

"이 문제의 핵심은 뭐라고 생각하나요?"

"당신이 지금까지 내린 결론들은 어땠나요?"

"어떤 게 최선의 선택이라고 생각하나요?"

"더 확인이 필요한 것들이 있나요?"

믿음과 공식을 묻는 질문

"일할 때 어떤 가치들을 우선시합니까?"

"선후배 파트너십에서 가장 중요한 것은 뭐라고 생각하나요?"

"갈등이 생겼을 때 당신은 어떻게 반응하는 편인가요?"

"이런 비슷한 상황에서 어떻게 문제를 해결해왔나요?"

"당신이 옳다고 생각하는 기준은 무엇인가요?"

이 질문들이 전부 필요한 것은 아닙니다. 한두 가지 질문만으로도 대화가 이어지고, 차이의 강을 건너게 될 수 있습니다. 또 모든 대화를 결론까지 이끌고 가지 않아도 괜찮습니다. 리더와의 대화에서 '좋은 경험' 하나가 추가된 것만으로도 의미가 있으니까요.

질문을 했는데 상대방의 반응이 시큰둥하거나 오히려 튕겨버리는 경우도 있습니다. 그것은 기술의 문제라기보다는 관계의 이슈일 수 있습니다. 리더가 자신을 이해하기 위해 질문한다고 받아들이는 대신, 자신을 검증하거나 판단하는 중이라고 해석하면 어떤 기술도 무용지물이 됩니다.

질문한 다음 반응하는 태도도 중요합니다. 질문해놓고 제대로 듣지 않으면 한층 기분이 나빠지지요. '무슨 말만 하면 사생활 침해라고 하니, 요즘 친구들에게는 뭔 말을 못하겠다'고 리더들은 말합니다. 맞는 말입니다. 질문 한 번 잘못했다가 꼰대라는 소리 듣기 딱 좋지요.

그런데 한번 생각해볼까요. 왜 그런 질문들을 불편해하는 것일까요. 혹시 관심도 없는데 그냥 한번 던져본 거라 그런 것은 아닐까요. 상대방의 생각을 궁금해하는 대신, 자신의 말만 늘어놓았기 때문은 아닐까요. '결혼은 아직 생각 없다'는 말 앞에서 '결혼해야 진짜 어른이 된다'고 말하고, '아이 셋은 낳고 싶다'는 말 앞에서는 '낳아보면 후회할 거다'라고 한다면 누구든 다시는 그런 화제를 입에 올리고 싶지 않을 것입니다.

생각의 차이를 좁히기 위해 질문할 때는 상대방의 생각에 호기심을 가지고 있어야 합니다. 그런 게 아니라면 차라리 질문하지 않는 것이 낫죠. 오히려 관계를 해치고 다음 대화로 이어지는 기회를 막아버리니까요. 브레네 브라운은 그녀의 책《리더의 용기》에서 밀레니얼 세대와 소통하는 대화의 기술로 '호기심'을 언급합니다. 그녀가 말하길, 호기심은 늘 우리에게 이런 메시지를 전한다고 합니다.

'걱정할 게 뭐 있어, 나는 관습에 얽매이지 않아. 끌리는 대로 할 거야. 문제의 핵심에 도달하는 데 무척 긴 시간이 걸릴 수도 있겠지. 하지만 내가 모든 답을 알아야 하고, 항상 정답을 말해야 할 필요는 없어. 나는 그저 귀담아듣고 계속 질문하면 돼.'

그래서 호기심을 가지고 대화를 이어나가는 것은, 용기와 취약성이 뒤섞인 행위라고 합니다. 대화의 통제권을 쥐고 있지 않기 때문에 취약하고, 그것을 극복하고 대화하기 때문에 용기 있는 행동인 것이지요.

그러나 실제 현장에서의 모습은 어떤가요. '시간이 부족해서, 마음이 불편해서, 습관적으로' 생각의 차이 앞에서는 질문보다는 강력한 피드백을 사용합니다. 때론 '감당할 수 없을까 봐' 질문하지 못하기도 합니다. 괜히 질문했다가 책임을 나누고, 엮이게 될까 봐요.

기억하세요. 호기심 어린 질문 없이는 동기와 책임을 높일 수 없습니다. 상대방과 생각이 다를 때, 나는 '질문을 하는 편인지 답을 말하는 편인지' 생각해보세요. 그리고 질문을 던질 때 상대방의 표정이 어떻게 달라지는지 살펴보세요. 직접 보고 느끼면 훨씬 더 마음에 와닿을 것입니다.

다시 볼 때
일어나는 일

말하기 전에, 다시 보기를 하면 '리더의 첫 문장'이 달라집니다.

대화에서 첫 문장은 몹시 중요합니다. 우리가 길을 들어설 때 여기가 아니다 싶으면 바로 방향을 바꾸지요. 그런데 대화에서는 그게 잘 안 됩니다. '이게 아니다' 싶어도 이미 꺼낸 말을 취소하지 못하고, 끝까지 밀고 나가게 되는 경우가 많지요. 그래서 첫 문장이 어떤 방향을 향해 있는지, 어떤 에너지를 내포하고 있는지에 따라 대화의 결이 결정됩니다.

예를 한번 들어볼까요. 직원들이 보내놓은 보고서 파일을 밤늦게 확인합니다. 읽으면서 여러 가지 생각이 듭니다.

'왜 더 확인을 안 하고 보냈지?'

'이 정도는 알아서 해야지, 이대로 나한테 보내면 어쩌나.'

순간적으로 따지고 싶어집니다. 그러나 다음 순간 상대방의 감정을 들여다봅니다. '제시간에 보내지 못할까 봐 조급했나보군', '주요 고객을 놓치게 될까 봐 불안했나보군' 이렇게 다시 보기를 하며 상대방의 감정에 이름표를 달아놓으면 일단 불편한 감정이 가라앉습니다. 그런 후에 메일을 작성하면 첫 문장이 달라지지요.

리더가 자신의 감정을 조망하면 대화의 방향이 정확해지고, 상대방의 감정을 조망하면 감정적인 비난을 멈출 수 있습니다.

말하기 전에, 다시 보기를 하면 상대방의 방어적인 태도가 줄어듭니다.

아이들은 자신의 마음을 정확하게 표현할 능력이 부족하지만, 대신 부모가 그 마음을 알아봐주면 안정을 되찾습니다. 어른들도 그렇습니다. 리더가 자신의 감정과 욕구를 인정해주면 방어적인 태도를 덜 보입니다. 일부러 굼뜨게 행동하거나 날카로운 말로 반박하는 경우가 줄어들지요.

예전 사무실에서 있었던 일입니다. 선임직원에게 새로운 교육 과정을 맡아보라고 제안한 적이 있었죠. 조금만 열심히 준비하면 충분히 해낼 것이라 믿었으니까요. 그런데 직원이 방어하기 시작합니다. 자기가 지금 얼마나 버거운지, 열심히 준비하는 게 얼마나 힘든지 현재 상황에 대해 자세하고 길게 설명합니다.

"잘하고도 싶지만, 갑작스럽죠? 부담스러워하는 것 같기도 하네요."

모처럼 제안한 기회를 열정적으로 잡지 않으니 서운하고 답답했지만, 잠깐 멈추고 직원의 감정과 욕구에 집중했습니다. 상반된 감정은 동시에 일어날 수도 있습니다. 좋으면서도 싫고, 하고 싶으면서도 하기 싫고. 느낀 그대로 말해줍니다. 그리고 한번 시작하면 열심히 하고자 하는 직원의 마음도 알아봐주고요.

그러자 그가 방어막을 거두기 시작합니다. 사실은 이전부터 '언젠가는 이런 제안을 받겠구나' 생각했다는 것입니다. 일단 시작하면 완벽하게 해내고 싶은데 만약 기대에 못 미치면 어쩌나, 회사에 손해를 끼치면 어쩌나 하는 마음 때문에 주저하게 되었다는 것이지요.

소극적인 혹은 적극적인 방어는 대화를 어렵게 만드는 요소입니다. 특히 아이들과 달리, 어른들의 방어는 매우 정교하기 때문에 재빨리 알아차리기 힘들지요. 만약 위 대화에서 '당신이 이 일을 맡아야 하는 이유'에 대해서만 강조했다면, 직원의 솔직한 속내는 듣지 못하고 주변적인 핑계만 계속 들어야 했을 것입니다. 끝내는 "일단 해보고 말해!" 하며 억지로 떠맡기게 됐을지도 모르지요.

본래 사람의 마음이라는 게 시소와 같습니다. 한쪽이 '할 수 있다'를 강조하면, 한쪽은 '할 수 없다'에 힘을 쓰고 싶어집니다. 방어를 해제시킨다는 것은 자연스럽게 시소를 옮겨 타게끔 도와주는 것입니다. 리더가 '할 수 없다고 말하는 마음'을 들여다본다면, 상대방은 자연스레 '그래, 할 수 있을지도 몰라' 쪽으로 이동하게 됩니다. 그것을 모르고 각자의 입장에서 버티기 시작하면 대화는 계속 팽팽하게 대치될 수밖에 없습니다.

말하기 전에, 다시 보기를 하면 '진짜 대화'를 빨리 시작할 수 있습니다.

친밀한 관계에서는 상대방의 욕구를 읽어주는 것만으로 문제가 해결되기도 합니다. 해결책을 구하는 것이 아닌 '알아주면 좋겠다'는 마음으로 대화를 시작하는 경우가 많으니까요. 그럴 때는 위로 자체가 솔루션입니다.

그러나 회의실에서는 다릅니다. '시간이 걸리더라도 문제를 해결해서 시스템을 개선하고 싶다'는 욕구와 '지금 당장 급한 일부터 처리하고 싶다'는 욕구가 부딪치고 있다고 해볼까요. 두 개의 욕구 모두 타당하지만 그렇다고 '둘 다 옳으니 이쯤 하고 끝내자'라고 말할 수는 없습니다.

이럴 때는 어디에 먼저 시간을 사용할지가 관건입니다. 관점의 차이가 클수록 내 것이 옳고, 상대방의 의견이 부적절하다는 것을 증명하는 식으로 대화가 이어지기가 쉽습니다. 그러니 먼저 사람의 마음에 집중해보세요. 옳고 그름을 따질 때는 드러나지 않았던 서로의 감정과 욕구를 확인하면, 오히려 진짜 대화로 빨리 진입할 수 있습니다. 힘겨루기, 자존심 싸움과 같은 불필요한 소진을 하지 않아도 되기 때문입니다.

이렇게 우리는 적이 아니라, 한 팀이라는 것이 확인되면 대화의 속도를 올려도 괜찮습니다. 이제는 서로의 관점을 좁히는 질문들을 주고받습니다. 차이를 확인하다 보면 정보가 풍성해지고 새로운 대안이 만들어집니다. 이때 리더는 피드백을 하고, 의견을 덧붙이고, 자원에 따라 일의 우선순위를 정리할 수 있습니다.

대화를 마무리할 때쯤에는 '결과'를 손에 쥐어야 합니다. '참 좋은 대화였다'로 끝나는 게 아니라 앞으로 언제까지, 무엇을, 어떻게, 어느 수준까지, 어떤 형태로 준비할지에 대한 계획이 수립되어 있어야 하지요.

회의 시간을 아낀다고 사람의 마음을 제쳐두면, 리더 혼자서 대화를 이끌고 가야 합니다. 리더는 리더대로 지치고, 회의실에는 지시와 압박, 부담만이 남게 되겠지요.

며칠 전, 강연장에서 나와 입장이 다른 사람과 대화할 때, '나의 욕구'를 감지하고 '상대방의 욕구'를 관찰하는 법을 연습한 적이 있습니다. 사무실 직원들을 대상으로 한 강의였는데, 그들은 특히 영업사원들과 대화하는 게 힘들다고 하더군요. 말투와 성향이 강하고, 제대로 설명을 했는데도 나중에 '왜 제대로 말해주지 않았냐, 당신 때문에 고객 앞에서 곤혹스러웠다'고 화낼 때가 많다는 것입니다.

먼저 물었습니다.

"그런 상황이 닥쳤을 때, 여러분의 마음속에는 어떤 욕구가 있었을까요?"

"내 일에 대해서만큼은 제대로 책임지고 싶은 욕구요."

"존중받기를 원하는 마음이요."

"관계를 해치고 싶지 않다는 마음이요."

그다음에는 방향을 바꾸어 상대방은 어떤 욕구를 가지고 있었다고 생각되는지 물어보았습니다.

"문제가 일어난 것에 대해 사과받고 싶은 마음이요."

"자기 말만 하고 싶은 마음이요."

"이겨먹고 싶은 마음이요."

제가 웃으면서 "상대방의 욕구는 알고 싶지 않으시죠?", "상대방에게 긍정적인 욕구는 없고, 원래 성격이 이상한 거라고 믿고 싶으시죠?"라고 말하자 모두들 멋쩍게 웃으며 고개를 끄덕였습니다.

상대방의 감정과 욕구를 관찰하고 대화의 테이블 위로 꺼내는 데 가장 큰 걸림돌은 바로 그러한 마음입니다. 저 역시 '누구에게나 긍정적인 의도가 있다'는 말을 처음에는 받아들이기 힘들었으니까요.

예를 들어, '사과받고 싶은 욕구'라고 보이는 것 속에 들어 있는 진짜 욕구는 '현장에서 일하는 직원들의 답답함을 알아주었으면 하는 마음'일 수도 있습니다. '자기 말만 하고 싶은 욕구'로 보이는 것에는 사실 '옳고 그름을 분명히 하고 넘어가고 싶은 마음'이 들어 있을 수도 있지요.

하지만 아무리 눈 씻고 찾아봐도 '상대방의 긍정적인 욕구'를 모르겠다 싶을 때에는, 혹은 발견하게 되더라도 받아들이고 싶지 않을 때는 차라리 그 솔직한 마음을 인정하는 것이 나을지도 모릅니다. 살면서 '저 사람하고는 도저히 인 되겠다' 싶은 사람을 만날 수도 있으니까요. 이 문제에 대해서는 오히려 입장을 분명히 하는 게 좋습니다. 존중이 안 되는데, 말로만 존중하는 척하면 부작용이 생깁니다. 아무리 해도 '다시 보기'가 안 되는 직원이라면 차라리 그 순간 그 마음을 인정하세요.

그리고 무엇인가 해봐야겠다는 의지가 생길 때 다시 여기, 사람의 마음으로 돌아오면 됩니다.

◇Tip◇ 존중의 대화 프로세스 3단계

1단계, 먼저 나의 감정과 공식, 욕구를 감지합니다. (Sense)

2단계, 상대의 감정과 공식과 욕구를 관찰하세요. (See)

　　(감지하고 관찰한 것을 이제 존중과 공감으로 표현해야 합니다. 이때 상대의

　　관점을 먼저 언급하는 것이 좋습니다.)

3단계, 생각의 차이를 좁히기 위한 질문을 주고받습니다. (Say)

　최근에 있었던 불편한 대화를 떠올려보고 존중의 대화 프로세스에 따라 정리해보세요. 기록한 후에 다음 장에 있는 질문들에 대한 당신의 생각을 정리해보세요.

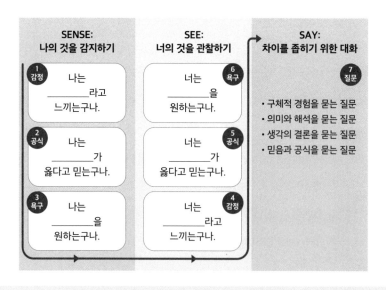

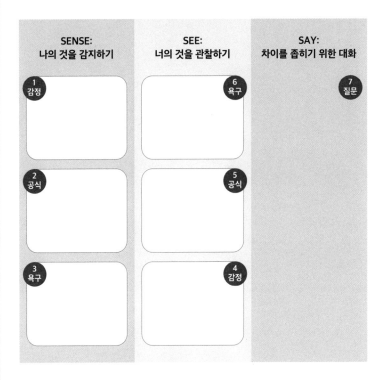

SENSE: 나의 것을 감지하기	SEE: 너의 것을 관찰하기	SAY: 차이를 좁히기 위한 대화
1 감정	**6** 욕구	**7** 질문
2 공식	**5** 공식	
3 욕구	**4** 감정	

Q. 당신이 잘하고 있는 것은 무엇인가요?

Q. 존중의 대화 프로세스에서 어렵게 느껴졌던 영역은 무엇인가요? 그렇게 느끼는 이유는 무엇인가요?

Q. 이전 대화에서 보지 못했던 것들은 무엇일까요?

Q. 앞으로 당신이 더 주목해야 할 것은 무엇인가요?

리더의 말그릇

Part 4

성장을 앞당기는 말의 힘

잘하고 있는 걸까요:
성과 vs. 성장

여덟 살짜리 아이가 뭔가를 열심히 만들면서 엄마를 힐끔힐끔 쳐다봅니다. 엄마가 묻죠.

"왜? 왜 자꾸 엄마를 쳐다봐?"

그랬더니 아이가 답합니다.

"내가 잘하고 있는 건지 궁금해서요."

아이는 잘하고 싶고, 유능한 모습을 보여주고 싶습니다. 그래서 엄마의 표정과 말투, 반응을 살피면서 자기 수준을 평가하려는 것이죠. 이런 마음은 어른들도 똑같습니다. 잘하고 있는지 궁금합니다. 칭찬도 듣고 싶고, 어떻게 하면 더 잘할 수 있을지 누군가가 좀 알려줬으면 좋겠죠.

그러나 사회에 나오면 부모로부터 제공받았던 멘토링 서비스는 더 이상 받기 어려워집니다. 어른이 됐으면 잘해야 하는 게 당연할까요? 성장은 학교에서만 다루는 목표일까요? 우리는 '성과'에 대해서는 자주 이야기하지만, '성장'에 관한 대화는 쉽게 미루고 맙니다.

요즘 세대는 이전에 비해 '치열하지 않다. 쉬운 일만 골라 하고, 쉽게 포기한다'는 말들이 종종 들립니다. 하지만 '열심히'의 기준과 방향이 예전과는 많이 달라졌습니다. 사무실에 엉덩이 붙이고 앉아 있는 시간은 줄었지만 배우고, 만나고, 운동하고, 개인방송이나 사이드 잡을 뛰면서 다들 치열하게 성장 중입니다.

그들도 해내고 싶고, 잘하고 싶은 마음이 있습니다. 오히려 '잘 살고 있는가?', '잘하고 있는가?'라는 질문을 더 자주 받던 세대지요. 이전 세대가 '성과 있는 삶'에 길들여져 왔다면, 지금 세대들은 '의미 있는 삶을 권유받아왔다'고 할 수 있어요.

상담실에서 만나는 2030세대들이 제게 묻습니다.

"저, 잘하고 있는 것일까요?"

그 질문에 답하기는 참 어렵습니다. 대신 되묻습니다.

"무엇을 잘하고 싶어요?"

"잘한다는 것은 당신에게 어떤 의미죠?"

"무엇을 보면 잘하고 있다고 알 수 있죠?"

"10점 만점 중에 몇 점 정도는 되어야 스스로 만족스럽나요?"

"그렇게 되면 당신에게 어떤 변화가 생길까요?"

"당신은 현재 몇 점이죠?"

"그래서 생기는 문제와 어려움은요?"

"당신이 지금껏 잘해왔다고 생각하는 것은 무엇이죠?"

"앞으로 노력과 변화가 필요한 것은 무엇이라고 생각하죠?"

"그것에 대해 새로운 계획이 있나요? 그 계획은 무엇인가요?"

이런 질문들을 주고받은 후에야 상대방이 무엇을 잘하고 싶은지, 현재 어떤 상태인지, 어떤 것을 더 잘하면 되는지 파악할 수 있습니다. 그때야 비로소 격려하고 응원하고, 조언을 보탤 수 있게 되지요. 이런 질문들이 사무실에서도 오고 가면 얼마나 좋을까요?

며칠 전 강의를 마치자, 한 리더가 질문을 합니다. 올해 고과평가를 끝냈는데, 막내 사원이 따로 질문을 하더랍니다. 정말 열심히 했는데, 왜 이런 결과가 나왔는지를 묻더래요. 리더는 이런 일이 처음이라 당황스러웠다고 하더군요. '열심히 한 것은 알고 있었지만, 스스로 생각하는 것처럼 높은 수준은 아니었기 때문에' 어떻게 설명해야 할지 곤란했다고요.

"열심히 한 것은 나도 알지. 그런데 이게 상대평가다 보니… 서운할 수도 있었겠네."

"저는 서운한 게 아니고요."

"서운한 게 아니라고?"

"네, 궁금한 거예요. 제가 왜 이 점수를 받았는지요."

"아… 그건 말이야…(평가 기준을 다시 설명합니다)."

"그럼 처음부터 그 기준을 말씀해주셨어야 하는 거 아닌가요?"

리더도 이런 질문을 받으면 기분이 썩 유쾌하지는 않습니다. '자기 실력 모르고 결과만 따지는 팀원'이라는 생각이 들 수도 있고요. 하지만 팀원은 '나의 실력' 혹은 '현재 상황에서 나는 어디쯤에 위치해 있을까?'가 궁금했던 것일 수도 있습니다. 그럴 때, 전체 상황을 보지 못한다고 탓하지 말고 알려주고 가르쳐줘야 하는 것이죠.

'성과와 성장 사이의 간극'에 대한 불만은 날로 높아지고 있습니다. 이미 많은 회사에서, '고과에 대한 불복이나 거부' 문제 때문에 종종 강의를 요청하고 있으니까요.

이유는 다양합니다. 성과평가 체계와 시스템의 이슈일 수도 있고, 육성과 성장을 바라보는 시각 차이 때문일 수도 있고, 한 리더가 너무 많은 팀원들을 관리해서 문제인 경우도 있고, 업무 특성상 분기별로 면담 한 번 하기도 어려운 게 이유일 수도 있습니다.

하지만 공통적인 원인으로는 부족한 '성장의 대화'를 꼽을 수 있습니다.

지하철을 타면 안내방송이 나오죠. 역 이름도 알려주고 환승 지점도 알려줍니다. 잘못 탄 사람도 그 방송을 듣고 올바른 길을 찾아가게 되죠.

회사에서도 마찬가지입니다. 최종 목적지는 어디이고, 지금 우리는 어떤 역에 있는지, 혹시 갈아타야 한다면 어디서 내려서 어떻게 가야 하는지 정확하게 알려줘야 합니다. 열심히 왔는데, 갑자기 종착역에서 '삐- 이곳이 아닙니다!'라는 방송을 듣게 되면 누구나 당황스러울 수밖에 없습니다.

후배들을 돕고 싶은 마음이 있다는 것은 압니다. 중요한 것은 '어떻게 말로 전할 것인가'입니다. 과도한 칭찬으로 부담주지 않으면서 격려하는 방법, 인격적으로 비난하지 않으면서 조언하는 방법을 익히세요. 다른 방법을 찾도록 자극하고 질문하는 도구들을 챙겨두세요. '성장'을 주제로 스몰 토크를 시작하세요.

미국의 생화학자 센트죄르지는 "살아 있는 것 안에는 자기 자신을 완성시키려는 타고난 힘이 있다. 이 가정 없이 식물 성장의 신비를 설명할 수는 없다"고 말했습니다. 당신 안에도, 당신의 후배들 안에도 성장하고자 하는 욕구는 살아 있습니다.

구체적이고 명확한
피드백의 기술

"우리 잠깐 회의실에서 볼까?"

"네."

"벌써 고과철이 되었네. 올해도 고생 많았어. 상황도 좋지 않은데 목표치 맞추느라 다들 밤낮없이 애쓴 거 내가 알고 있지."

"올해는 시장 상황이 좋지 않아서 다 같이 고생했지요."

"말이 나왔으니 말이야. 좀 아쉬운 점도 있었어. 지금보다 더 잘해낼 수 있는 사람이라고 믿거든. 할 수 있잖아? 안 그래?"

"네… 열심히 해봐야죠."

"그래. 아이고… 나도 죽겠다… 근데 우리가 언제는 안 힘들었냐… 도움이 필요하면 언제든 이야기하고… 혹시 나한테 더 할 말

있나?"

"아니요… 생기면 말씀드리겠습니다. "

"그래. 또 다음에 이야기하지."

워크숍에서 진행한 모의 면담의 한 장면입니다. 한 명은 리더, 한 명은 팀원이 되어서 10분 간의 면담을 실제 상황처럼 진행해 보았습니다. 모의 면담이라 어색한 것을 감안하더라도, 3분을 넘기는 팀이 별로 없다는 것은 놀라웠습니다. 시간을 채운 팀 역시 대부분은 리더가 말을 독점하고 있었죠.

위의 대화는 과연 성장의 대화일까요? 당신이 진행하는 면담은 이것과 어떻게 다른가요?

어떤 대화가 성장을 자극할까요?

이 모의 면담이 진행되는 동안 사람들은 '킥킥' 웃습니다. 너무 공감됐기 때문이죠.

"아, 낯설지 않은데요. 그런데 다들 저렇지 않나요?"

모의 면담이 끝난 후 "우리는 무엇을 잘하고 있고, 무엇을 바꿔야 할까요?" 하고 물었더니 다음과 같은 답변이 돌아왔습니다.

"리더 혼자만 말했어요."

"직원에 대한 칭찬과 축하가 없어요."

"그래서 왜 그런 평가가 나왔는지 설명해주지 않았어요."

리더가 자기 하소연을 지나치게 늘어놓는 장면들도 연출되었습니다. 팀원 역을 맡은 직원이 "팀장님도 많이 힘드시겠어요"라고 말하자, 지켜보던 사람들이 웃음을 터뜨렸죠. 순식간에 리더와 팀원의 역할이 바뀌어버렸으니 말이에요.

성장이란 '이전과의 차이를 만드는 일'입니다. 위로 높게, 아래로 깊게, 옆으로 넓게. 방향성이 분명한 대화가 필요합니다.

세 가지 'F'를 기억할 것

성장 욕구를 자극하는 대화를 하려면 어떻게 해야 할까요?

잠깐, 여기서 안데르스 에릭슨이 쓴 《1만 시간의 재발견》이라는 책에 주목해볼까 합니다. '1만 시간'이라는 개념이 낯설지 않은 이유는, 말콤 글래드웰의 저서인 《아웃라이어》에서 이미 '1만 시간의 법칙'이 큰 호응을 얻었기 때문이죠. 특별한 사람이 아니어도 1만 시간 동안 열심히 노력한다면 전문가가 될 수 있다는 희망을 제시했으니까요.

그러나 안데르스 에릭슨은 이에 우려를 표합니다. 1만 시간을 투자한다고 해서 모두 다 같은 성과를 내는 것은 아니라는 것이죠. 물론 어떤 경지에 이르기까지 절대적인 노력의 시간은 중요합니다. 그러나 성급한 일반화는 위험합니다. 누군가는 그 시간 동안 폭발적인 성장을 기록하지만, 다른 누군가는 작업에 익숙해질수록 안전지대에 머물면서 자신의 약점과 한계를 반복하기도 하니까요. 즉, 성장하려면 안전지대로부터 벗어나 약점과 한계를 극복하는 과정이 있어야 한다는 뜻입니다. 훈련의 '과정'이 중요하다는 말이죠.

에릭슨은, 더 나은 결과를 만들어내는 사람들의 특징을 3F의 개념으로 설명했습니다. 3F란 Focus(목표), Feedback(피드백), Fix It(수정)을 뜻합니다.

Focus는 구체적이고 명확한 목표를 뜻합니다. 성장의 대화를 하려면 도착지의 좌표를 인식하고 있어야 합니다. '잘하자', '최선을 다해보자', '뭘 해야 하는지 알잖아'와 같은 대화는 곤란합니다. 리더가 생각하는 목표와 직원이 기대하는 목표, 이 두 목표 간의 차이를 확인하고 합의해가는 과정이 포함되어야 합니다. 수치적 목표를 공유하는 것만을 말하는 게 아닙니다. 오히려 할당되어진 수치적 목표를 어떻게 받아들이고 있는지, 자신에게 그것이 어떤 의미인지를 서로 주고받으며 각자의 생각을 또렷하게 알아보고 그려가는 일이 필요합니다.

연초에 이러한 과정 없이 개인의 목표가 세팅된다면, 개인과 성과와 목표가 따로 움직일 수밖에 없습니다. 그렇게 1년이 지나 연말 고과 평가를 시작하면 부작용이 나타날 수밖에요.

Feedback은, 말 그대로 피드백을 뜻합니다. 성장을 지연시키는 가장 치명적인 조건은 '피드백 없음'입니다. 무관심이 가장 가슴 아프죠. 목표가 설정되면, 그 목표에 도움이 되는 행동방식에 대해서는 칭찬과 격려를 아끼지 말아야 합니다. 칭찬은 자가 동력의 핵심 에너지가 되니까요.

도전의식을 자극하고, 개선을 요청하는 것도 필요합니다. 사람들은 어느 지점에 이르면 이제 그만 머무르려고 합니다. 그러나 멈춰 있으면 차이를 만들어내지 못하고 오히려 퇴보하게 되죠. 어떤 행동방식이 목표에 방해가 되고 있다면, 개선을 요청해야 합니다.

앞서 살펴보았던 모의 면담을 다시 떠올려보죠. '올해도 고생 많았다'는 말은 정확히 무슨 뜻일까요? 전혀 구체적인 칭찬이 아닙니다. 또 '아쉬운 점이 있다'고 하면서 그것이 무엇인지 정확하게 말해주지도 않았습니다. 대화가 이렇게 형식적으로 흘러가면 변화의 실체를 손에 쥘 수 없습니다.

성장을 돕는 피드백을 말솜씨로 떼우기는 어렵습니다. 시간을 투자해서 관찰하고, 발견한 사실들을 데이터로 관리하고, 인적 자원의 강점과 긍정적인 측면을 살피고, 문제를 과제로 바라보는 시선이 필요합니다.

Fix It은 수정하고 반복하는 것을 뜻합니다. 피드백의 결과를 과제에 반영하고, 그것을 바탕으로 직원이 새로운 아웃풋을 만들어내는 과정을 경험할 수 있도록 도와야 합니다. 이 과정이 제대로 이루어지면, 자신감과 효능감이 높아지죠.

공부 잘하는 아이들은 오답 노트를 따로 만듭니다. 잘못된 부분을 다시 보고, 오답의 원인을 찾고, 비슷한 유형의 문제를 여러 번 풀면서 다시는 실수하지 않으려고 합니다. 회사에서도 이런 태도가 필요합니다. "문제 풀 때 정신 똑바로 차려!" 하고 다그치는 대신, 왜 이 문제가 어려운지, 앞으로 어떻게 다룰 것인지 확인하면서 함께 꼼꼼하게 오답 노트를 만들어가야 합니다.

그렇게 하면 2차 면담 때 또다시 시작점으로 돌아갈 필요가 없습니다. 1차 면담 때 정해진 것들이 얼마나 진행됐는지, 그간의 실행 내용을 보고받은 후 그것에 대해 다시 피드백과 수정계획을 주고받으면 됩니다.

당신의 대화에는 이러한 세 가지 F가 포함되어 있습니까?
'그냥 대화'와 '성장의 대화'는 확실히 다릅니다. 성장의 대화에는 구체적이고 명확한 목표가 나타나 있습니다. 잘한 것과 더 잘해야 할 것들이 담겨 있고, 앞으로 어떻게 개선하고 재도전해야 할지도 담겨 있습니다. 대화의 지도가 분명하죠.

리더도 시간을 어렵게 빼서 직원들과 면담을 합니다. 그런데 직원들의 반응이 별로라면 어떨까요. '일하기도 빠듯한데, 괜히 불러내서 시간만 아깝다'는 반응이 돌아온다면 서로에게 손해입니다.

저도 예전에는 그런 리더들과 종종 마주할 때가 있었습니다. 직원들을 불러다 하소연을 늘어놓거나 '지금 이 시간에 왜 저런 말을 하는 거지?' 싶은 이야기를 길게 하거나. 그때마다 저는 이렇게 생각했습니다. '아! 안 바쁘신가? 나는 바쁜데.'

성장의 대화를 하려고 마음먹었다면 목적지가 정해진 지도를 손에 꼭 쥐고 있으세요. 대화를 하면서 길을 잃지 않도록 수시로 점검해보시길 바랍니다.

칭찬이
어려운 이유

평소에 칭찬, 자주하시나요? 혹시 '잘했어, 잘했는데…' 이런 식의 칭찬을 많이 하고 있지는 않나요? '잘했어'에 방점을 찍는 대신, 뒤에 나오는 부족한 것을 강조하는 표현이죠. 이럴 때면 '잘했다'는 말 역시 본론을 꺼내기 전에 덧붙이는 말처럼 느껴집니다.

어떤 칭찬은 역효과를 불러오기도 합니다. 후배들과 워크숍을 진행할 때 '차라리 하지 말았으면 하는 칭찬'에 관해 토의했더니 아래와 같은 얘기들이 나왔습니다.

'영혼이 없는 칭찬'.

진심이 아닌 겉치레로 들린다는 것이죠. "아~ 최고야! 대단해!" 혹시 이런 말을 습관처럼 사용하고 있지는 않나요? 언제나 이 말부터 튀어나와서 그 말의 진정성이 흐려지고 있지는 않나요?

'과장된 칭찬' 역시 비슷하게 느껴집니다. "자네 없으면 우리 회사가 어쩔 뻔했나!" 후배들은 이런 말을 들을 때 '그 정도는 아닌데'라고 생각한답니다. 구체적이지도 않고, 근거도 없어서 내 칭찬이 아니라고 생각되는 것이죠.

'비교하는 칭찬'은 오히려 불쾌합니다. "지난번에 비해서 잘해냈구먼", "진작 이렇게 할 수 있는 사람인데 말이야", "그래도 동기들 중에서는 가장 낫군", "요즘 친구들답지 않네"와 같은 것들이 이에 해당합니다. 과거 또는 소속 집단과 비교하는 칭찬은 얼핏 상대를 높여주는 것처럼 들리지만 뒷맛이 찝찝합니다. 조건적 인정은 불안감을 조성하죠. 한때 개인이 속해 있던 관계를 무시하는 뉘앙스 역시 부정적으로 느껴지고요.

'부담과 압박을 남기는 칭찬'도 주의해야 합니다. "잘했네. 앞으로 이렇게만 해주게", "지금부터가 시작이야. 마음 단단히 먹으라고!" 하는 말들이 그렇죠. 듣는 사람의 입장에서는 무시무시한 말들입니다. '여기서 더 하라고? 괜히 열심히 했네. 앞으로는 힘 조절 좀 해야겠어!'라고 생각하게 됩니다.

이번에는 리더들의 이야기를 들어볼까요. '칭찬을 하기 어려운 이유'가 쏟아집니다.

"아이고… 잘만 하면 누가 칭찬을 안 합니까."

잘한 것이 있어야 칭찬도 한다는 것이죠. 하지만 이것은 '칭찬'이라는 결과 중심의 개념만 이해하고 있는 것입니다. 잘했을 때 잘했다고 말하는 보상의 언어가 바로 '칭찬'인데, 이것은 '인정'이라는 보다 넓은 개념 안에 속해 있습니다. 인정은 결과나 성과가 만족스럽지 않더라도 과정과 수고에 대해 알아봐주는 것을 말합니다. 즉, 결과나 성과가 만족스럽지 않더라도 과정과 수고에 대해서는 인정해줄 수 있는 것이죠.

사실 성과가 좋을 때는 특별한 칭찬의 기술이 필요 없습니다. 표현이 서툴러도 이미 당사자는 기분이 좋거든요. 그런데 문제는 인정이 필요할 때입니다. 기가 죽고, 스스로에게 실망한 상대방이 이 고비를 잘 넘길 수 있도록 도와줄 때 바로 이 '인정과 격려'가 필요합니다.

여기, 다른 나무들에 비해 성장이 더딘 나무가 있다고 해볼까요. 비실비실한 나무에게 일단 '다른 나무만큼 자라면' 필요한 양분을 제공해주겠다고 하는 것과 좋은 것을 먼저 제공해서 빨리 자라도록 만들어주는 것 중 무엇이 더 유용할까요? 만약 리더라면 이 중에서 어떤 태도를 보여야 할까요?

"칭찬은 가끔 해줘야 효과가 좋아요."

좋은 말도 너무 자주하면 약발이 떨어진다는, 아꼈다가 가끔씩 해줘야 좋다는 뜻이겠죠. 무의미한 칭찬을 남발하면 당연히 효과는 떨어집니다. 평소 무뚝뚝하기만 했던 사람이 어느 날 마음을 드러내면 잠깐의 감동이 더 크게 느껴질 수도 있고요.

그런데 일을 하면서는 지나친 칭찬이 독이 될까 봐 걱정하지 않아도 괜찮습니다. 이와 관련해서, 바버라 프레드릭슨의 책《내 안의 긍정을 춤추게 하라》에 소개된 '성과의 티핑 포인트' 개념을 한번 들여다보는 게 도움이 될 것 같네요.

그녀는 조직, 집단, 개인의 관계에서 고성과를 만들려면, 긍정정서와 부정정서의 비율이 최소 3:1은 되어야 한다고 설명합니다.

"긍정정서 비율이 3:1 미만일 때는 긍정정서가 부정정서의 강한 위세에 눌려 제대로 기를 못 펴게 된다. 그러나 그 비율이 3:1을 넘기면 긍정정서가 부정정서에 대항해 극복할 만한 수적인 힘을 얻는다. 따라서 성과의 결정적인 티핑 포인트에 도달하려면, 긍정정서가 어느 정도 모이고 쌓일 필요가 있다."

긍정정서가 부정정서의 세 배를 넘어설 때, 비로소 성과로 이어질 수 있다는 것이지요. 이는 부정적 정서의 힘이 얼마나 강한지를 보여줍니다.

우리가 아무리 칭찬을 많이 한다고 해도 부정적 피드백만큼 자주 주고받기는 어렵습니다. 게다가 부정의 힘은 긍정보다 훨씬 강하고 오래 지속되지요. 그러니 칭찬해주면 정말 다 잘하는 줄 알까 봐, 긴장을 늦출까 봐 걱정하지 말고, 가능하면 마음껏 칭찬하고 격려해주세요.

"당연히 해야 할 일을 한 거 아닌가요?"

간혹 '당연히 해야 할 일을 했는데 굳이 칭찬해줘야 하냐'고 묻는 리더가 있습니다. 제 경험을 예로 들어볼게요. 제가 유튜브를 시작하고 몇 개의 영상을 업로드했을 때의 일입니다. 주변 사람들이 피드백을 해주었지요.

"어깨가 비뚤어졌더라. 눈은 왜 이렇게 깜빡여? 턱이랑 눈썹을 너무 자주 치켜올리는 것 같아."

그래서 제가 "잘한 것은 없어? 칭찬 좀 먼저 해줘"라고 했더니 "잘하는 것은 당연하지, 그걸 꼭 말해야 아니?"라고 하는 것입니다. 왜 잘하는 게 당연할까요? 그 당연한 것을 해내기 위해 얼마나 많은 노력을 했는데 말이죠.

'당연하다'는 렌즈를 끼고 보면 격려할 게 별로 없습니다. 노력을 당연하게 생각하는 리더는 '당연한 것도 하지 않으려는 직원'

을 만들어냅니다. '당연히 해야 할 것'은 무엇인가요? 그러한 믿음은 어디로부터 왔나요?

"이럴 때는 뭐라고 해야 하나요?"

마음은 있어도 뭐라 말해야 할지 모르겠다는 리더도 있습니다. 칭찬해본 경험이 별로 없어서 어색한 것이죠. 장황하게 말하자니 괜히 오버하는 것 같고, 짧게 말하면 별 효과 없을 것 같고….

EBS '칭찬의 역효과' 프로그램의 한 장면을 강의 자료로 활용한 적이 있습니다. 아이가 보호자와 함께 앉아서 젠가 게임을 합니다. 이때 제작진이 요청합니다.

"우리 아이, 칭찬 좀 해주시겠어요?"

그럼 대부분의 보호자가 "잘했어~, 대단해~" 하고 말합니다. 그럼 제작진이 다시 요청합니다.

"어머니, 그거 말고 다른 칭찬은 없을까요?"

그 말에 대부분의 보호자는 당황합니다. 어떤 어머니는 머리를 감싸 쥐며 "칭찬을 어떻게 해야 하나요?" 하고 도리어 묻습니다.

저는 여기서 영상을 멈추고, 리더들에게 질문을 던집니다.

"만약 여러분이라면, 뭐라고 하시겠어요?"

그럼 대부분 영상 속의 부모님들처럼 말을 잃고 조용해집니다.

칭찬은 왜 하는 것일까요? 칭찬의 목적은 무엇일까요?

칭찬은, 그것을 받은 상대방에게 힘과 영향력이 있음을 알려주기 위해서 하는 것입니다. 사람은 자신이 가진 자원을 깨달았을 때 더 잘하고 싶어지니까요. 칭찬은 그것을 알려주고 함께 기뻐함으로써 자발적으로 능력을 발휘하도록 돕는 것이라고 할 수 있습니다.

칭찬은 수직적인 평가가 아닌, 축하와 인정으로 느껴질 때 효과를 발휘합니다. 그런 의미에서 "잘했어, 대단해, 최고야, 착하다"와 같은 표현들은 당사자가 어떤 힘을 가지고 있는지 잘 알려줄 수 없습니다. 그림을 잘 그리는 아이에게 "우리 딸 피카소 같네~, 이러다 예술가 되는 거 아니야?"라고 칭찬한다면, 아이는 자기가 어떤 부분을 잘 그려서 칭찬을 받았는지 도통 알 수가 없겠죠.

결과만을 언급하는 칭찬에는 사람이 빠져 있습니다. 성장의 관점에서 보았을 때 주체가 사라져버린 셈입니다. 아무리 좋은 말도 상대가 소화를 못 시키면 양분으로 사용될 수 없습니다. 칭찬을 받는 사람이, 자신이 무엇 때문에 칭찬을 받았는지 이해할 수 있도록 자세하고 구체적으로 칭찬해주세요.

칭찬의
3C 공식

가장 좋은 칭찬은, 칭찬을 받는 사람이 스스로를 '괜찮은 사람'으로 느끼게끔 만들어주는 것입니다. '맞아, 내게 이런 면이 있었지', '그래, 나는 이런 사람이야!' 하며 새로운 발견을 할 수 있도록 돕는 역할을 하죠.

그러니 앞으로 칭찬할 때 다음의 세 가지 개념을 기억하면 좋겠습니다. 저는 이것을 칭찬의 공식, 줄여서 3C라고 부릅니다.

Contents (구체적인 내용): 당신이 _____ 했군요.

Character (발견한 특성): 당신에게 _____ 특성이 있어요.

Contribution (기여와 영향력): 그 덕분에 _____ 하죠.

먼저 Contents는 '구체적인 내용'을 뜻합니다. '두루두루 잘했어', '전체적으로 훌륭해'와 같은 두루뭉술한 말 대신 눈으로 보고, 귀로 듣고, 관찰한 행동을 언급합니다. 남들이 쉽게 보지 못하는 장면을 포착할수록 그 효과는 높아집니다.

이전에 어떤 모임에서 한 선배가 제게 이런 말을 한 적이 있습니다.

"아까 다 같이 회의할 때, 네가 소외되는 사람이 없도록 먼저 말을 걸고, 상대방이 답할 수 있는 질문을 해서 대화를 이끌어가더라."

저의 행동을 관찰해서 구체적으로 언급해준 것만으로 저는 인정을 받은 것 같았습니다. 제가 괜찮은 사람이라고 느껴졌고, 더 잘해내고 싶은 마음도 들었죠. 이처럼 누군가가 자신의 행동을 주의 깊게 봐주고 알아봐준다면 관계는 자연스럽게 좋아집니다.

다음으로 Character는 '발견한 특성'을 뜻합니다. 자신이 관찰한 상대방의 특정 행동과 그것을 일으킨 개인의 특성들을 연결시켜보는 것을 의미합니다. 즉, 상대방의 행동을 통해 유추할 수 있는 개인의 강점 자원을 살펴보는 것입니다.

예를 들어볼게요. 집안 사정으로 결근하게 된 선배의 일을 후배가 자진해서 처리했다고 해봅시다. 그 행동은 그 사람의 어떤 강점에서 비롯된 것일까요? 강한 책임의식 덕분일까요, 아니면 협동심과 배려심이 높기 때문일까요? 혹은 더 많은 일을 경험해보고 싶은 도전의식과 성취욕구가 높기 때문일까요, 아니면 새로운 것에 대한 호기심과 학습능력이 높기 때문일까요? 일의 지연을 두고볼 수 없는 완벽주의와 강한 추진력 때문일까요? 도대체 그의 어떤 개인적 특성(강점)이 그러한 행동을 하게 만들었을까요?

자신의 강점을 인식하는 사람은 그것을 더 자주 사용하고 싶어 합니다. 잘하는 것을 더 잘하고 싶어 하는 것은 사람의 본능입니다. 완성에 대한 욕구, 영역 확장에 대한 욕구가 자발적으로 피어오르게 되죠.

따라서 리더들은 상대방의 강점을 발견해서 불러줄 수 있어야 합니다. 물론 그것을 위해서는 강점을 설명하는 강점 어휘를 많이 알고 있어야겠지요(254쪽 강점 단어 목록 참조). 이름을 불러줄 때 꽃이 되듯, 상대방의 강점에 이름을 붙여줄 때 칭찬이 됩니다.

마지막으로 Contribution은 '기여와 영향력'을 의미합니다. 앞서 살펴보았던 두 가지 칭찬 공식만 활용해도 충분히 좋은 칭찬을 건넬 수 있습니다. 하지만 상대방의 강점이 사람들이나 리더에게 혹은 팀이나 본부에게 어떤 도움을 주었는지 덧붙이면, 칭찬은 더욱 특별해집니다.

예를 들어, 자진에서 일을 처리해준 후배에게 "본인 일도 많았을 텐데 선뜻 맡아주니 팀에게 좋은 협력 모델이 되었어. 고마워"라고 말하면 칭찬의 격이 한층 높아지지요.

사람들은 자신을 알아봐줄 때 소통을 시작하고, 타인에게 미치는 자신의 영향력을 확인할 때 내적 동기가 발휘됩니다. 내가 하는 일이 누구에게 도움이 되는지 확인하고 싶은 마음은 당연합니다. 그것을 인식할 때 자신의 존재감과 정체성이 확립되니까요. 그럴 때 발휘되는 강점은 유난히 빛이 납니다.

자, 이제 3C를 가상의 사례에 적용해서 연습해볼 시간이 되었습니다.

당신은 후배에게 A에 대한 자료 조사를 부탁했습니다. 그런데 후배가 그에 덧붙여 다른 관점을 다룬 B자료까지 함께 준비해주었습니다. 이럴 경우, 그의 노력을 어떻게 인정하고 칭찬하면 좋을까요? 3C를 적용해서 당신의 언어로 말해보세요.

(예시)

Contents "미리 고민해서 B에 대한 자료까지 마련해주었네."

Character "맡은 일에 대한 책임감이 느껴져. 게다가 다양한 관점을 알아보는 열린 시야를 가졌어."

Contribution "덕분에 내가 놓칠 뻔했던 것까지 챙길 수 있었어. 고마워."

(적용)

Contents _____

Character _____

Contribution _____

사람마다 말의 스타일은 다릅니다. 위에 제시된 문장이 최선의 것이 아님을 기억해주세요. 각각의 문장에서 핵심 메시지를 발견하고, 자신의 언어로 행동-강점-영향력을 연결시켜 표현하면 됩니다. 선물을 준비할 때는 항상 받는 사람에게 초점을 맞추어야 한다는 것을 기억하면서요.

이러한 공식은 결과가 아쉬울 때에도 적용할 수 있습니다.

얼마 전 저희 상담센터에 컴플레인 전화 한 통이 걸려왔습니다. 데스크 담당 직원이 응대를 한다고 했지만, 고객은 결국 직접 센터장을 만나야겠다고 찾아왔죠. 후에 수심이 가득한 담당 직원을 불러 따로 이야기를 나눴습니다.

"컴플레인 전화를 받으면 당황하기 마련인데, 침착하고 신중하게 상황을 파악해서 자세하게 설명해준 덕분에 많은 도움이 되었어."

그러자 여태 아무 말 없이 앉아 있던 직원이 "제가 잘 대처하지 못한 것 같아 마음이 쓰였는데 그렇게 말씀해주시니 감사해요. 앞으로 더 신중하게 상황을 보면서 응대할게요"라고 답하더군요.

물론 개선해야 할 부분을 먼저 알려줄 수도 있었겠지요. 하지만 가뜩이나 기가 죽은 직원을 당장 몰아붙이고 싶지는 않았습니다. 수고한 마음을 읽어주고, 애썼던 점을 먼저 찾아내서 알려주니 상대방 역시 <u>스스로</u> 개선해야 할 점을 찾아나갔습니다.

무엇을 칭찬해야 하는가

밀레니얼 세대는 칭찬을 당연한 것으로 받아들입니다. '태어나 줘서 고마워'라는 말을 듣고 자란 세대니까요. 현장에서는 이런 목소리도 들립니다. 워낙 칭찬에 익숙한 탓에 인정받지 않으면 움직이지 않으려 하고, 따가운 비판이나 거센 도전을 견디지 못한다고요.

'성장 마인드 셋'을 연구한 캐럴 드웩 심리학 교수는 저서 《마인드 셋》에서 우리는 과연 무엇을 칭찬해야 하는가에 대해 이야기합니다. 그는 칭찬에도, 잘못된 칭찬과 올바른 칭찬이 있다고 말합니다. 전자는 자격에 대한 집착, 의존성, 취약성을 심어주는 반면, 후

자는 노력과 인내심을 심어준다고 하지요.

따라서 현장에서도 성과에 대해 지나치게 칭찬하고 보상하는 대신, 칭찬의 대상을 넓혀야 한다고 말합니다. '자발적으로 도전하기, 어려운 업무 완수하기, 새로운 것을 익히고 학습하기, 역경에 굴하지 않기, 열린 자세로 비판을 수용하기' 등을 새롭게 칭찬 목록에 포함시켜야 한다고 말입니다.

여러분은 지금 무엇을 칭찬하고 있습니까? 숫자로 증명되는 성과 말고, 팀과 회사에 가치 있고 의미 있다고 생각되는 행동들이 있나요? 그것은 무엇인가요?

이 글을 쓰던 중 직원에게서 전화 한 통이 걸려왔습니다. 통화를 마치며 '중간에서 입장정리를 해서 전달해주니 시간이 절약되고 집중할 수 있어서 좋다. 시간을 효율적으로 사용하는 게 내게는 정말 중요한데 고맙다'고 말했더니, 직원은 소리 높여 웃더니 "알아주시니 힘이 나네요"라고 답하더군요.

직원은 그 순간 무엇을 느꼈을까요? 아마도 자신을 알아봐주었다고 생각했을 것입니다. 누군가를 알아봐준다는 것은 이렇게 '상대방의 의미가 무엇인지' 알려주는 것이 아닐까요. 이런 대화를 통해 리더가 무엇에 주목하는지, 중요하게 생각하는 게 무엇인지를 알려줄 수도 있고요.

물론 칭찬하는 게 어색할 수도 있습니다. 특히 완벽한 결과에 집착하거나, 방식의 다름을 인정하기 어렵거나, 내것이 옳다는 믿음에서 빠져나오지 못한다면 칭찬은 한층 더 껄끄러운 과제가 될 것입니다.

만약 아무리 애를 써도 칭찬하는 게 어색하다면, 리더 자신의 이야기로 되돌아가야 할지도 모릅니다. 칭찬과 나의 관계가 지금처럼 만들어진 이유가 분명 어딘가에 있을 테니까요. 자신만의 시간을 가지면서 아래의 질문들에 답해보세요. 어쩌면 숨어 있던 진짜 이야기를 만나게 될지도 모릅니다. 3C 공식은 자신의 마음을 먼저 헤아린 후에 천천히 사용해도 괜찮습니다.

지금껏 살면서 가장 기억에 남는 '칭찬 한마디'는 무엇인가요?

그 말을 떠올린 이유는 무엇인가요? 그것은 당신에게 어떤 의미인가요?

중요한 사람에게 꼭 듣고 싶은 인정의 말은 무엇인가요?

그 말을 들으면 마음이 어떨 것 같나요?

그 말은 무엇을 확인시켜줍니까?

어릴 적 부모님으로부터 가장 자주 듣던 말은 무엇이었나요?

그 말을 들을 때면 스스로 어떤 사람이라고 느껴졌나요?

부모님의 말에 동의하나요? 그렇게 생각하는 이유는요?

어른들에게 칭찬받은 경험을 떠올려보세요. 주로 언제 칭찬을 받았나요?

어른들이 그러한 칭찬을 했던 것은, 무엇을 중요하게 생각했기 때문일까요?

자신을 칭찬하고 인정해보세요. 뭐라고 말해주고 싶나요?

만약 답하기 어렵다면 그 이유는 뭐라고 생각하나요?

다른 사람은 잘 모르는 당신만의 강점과 자원은 무엇인가요?

그것은 언제, 어떻게 발휘되나요?

그럴 때 스스로를 어떤 사람이라고 생각하나요?

당신의 말에 온기가 돌았으면 좋겠습니다. 오한에 덜덜 떠는 후배들이 그 볕을 나누어 쬐고, 그들의 열기 덕분에 당신도 '참 따뜻하다'고 말할 수 있게 되기를 바랍니다.

⟨Tip⟩ 3C 공식 실전에서 활용하기

최근에 했던 칭찬과 격려의 대화를 떠올려보세요.

그때 당신은 무엇을, 어떻게 말했나요?

3C 공식을 참고한다면 어떻게 다르게 말할 수 있을까요?

❶ 그때 내가 했던 말

❷ 3C 공식 적용해서 말 바꿔보기

Contents (구체적인 내용)	
Character (발견한 특성)	
Contribution (기여와 영향력)	

※ 참고하기: 강점 단어 목록

아래의 강점 단어들을 실생활과 연결시켜 익혀두세요. 이러한 강점 영역을 누가, 언제, 어떻게 사용하고 있는지 떠올리면서 익히면 효과적입니다.

감사	수고와 배려에 고마움을 느끼는 능력
경쟁	타인과의 비교를 통해 성과를 높이는 능력
계획	체계적이고 꼼꼼하게 준비하는 능력
공감	타인의 감정, 생각에 대하여 함께 느끼는 능력
공정	공평하고 올바른 기준을 가지는 능력
관계	사람 사이에서 힘을 얻고, 인맥을 활용하는 능력
관찰	사물이나 주위의 현상을 주의깊게 살피는 능력
균형	한쪽으로 치우지지 않고 중심을 잡는 능력
글쓰기	자신의 생각을 글로 명료하게 드러내는 능력
끈기	어려움을 견디고 목적지향적인 행동을 지속하는 능력
낙관	잘될 것이라고 믿고 성취하기 위해 노력하는 능력
논리	말과 글에서 순서, 체계, 맥락을 읽어내는 능력
도전	새롭고 어려운 일에 대면하여 해결하는 능력
동기유발	타인을 격려하고 영감을 주는 능력
매력	타인의 호감을 사고, 내 편으로 만드는 능력
맥락	과거, 현재, 미래를 연결시켜보는 능력
명령	자신의 의견을 주장하고 일을 지휘하는 능력

목표지향	방향성을 가지고 효율적으로 일하는 능력
문제해결	복잡하고 어려운 문제일수록 즐기는 능력
미래지향	미래의 가능성에 대하여 영감을 얻는 능력
미적감각	삶에서의 아름다움을 인식하고 평가하는 능력
배려	타인의 상황을 이해하고 보살피는 능력
봉사	타인을 돕고 사회를 개선하려는 의지를 가진 능력
분석	객관적, 중립적으로 이치에 맞는 증명을 하는 능력
사고	깊게 생각하고 내면과 대화하는 능력
사교성	타인에게 친밀감, 신뢰감, 영향력을 미치는 능력
설득	타인에게 당신의 관점을 관철시키는 능력
성취	추진력을 가지고 더 많은 것을 얻는 능력
신념	변하지 않는 가치를 추구하는 능력
신뢰	약속을 잘 지키고 일관성을 지키는 능력
신중	자제력을 가지고 심사숙고하여 접근하고 선택하는 능력
실행	지체없이 행동하여 성과를 만드는 능력
열정	활기차고 적극적으로 살아가는 능력
유머	즐거운 마음을 가지고 타인을 즐겁게 하는 능력
유연성	일의 형편에 따라 처리하는 능력
의사소통	생각을 말로 표현하는 능력
자기통제	자신의 감정, 행동, 정서를 조절하는 능력
자기확신	스스로에 대한 믿음을 가지고 흔들리지 않는 능력

자아성찰	마음속에서 벌어지는 일을 관찰하고, 알아차리는 능력
적응력	현재에 집중하여 일을 처리하는 능력
전략	일을 진행하는 데 대안을 만들어내는 능력
정직	진실하게 말하고 참되게 행동하는 능력
조정	갈등을 정리하고 새로운 협력을 만들어내는 능력
지원	타인의 성공과 성장을 돕는 능력
직관	감각에 의해 의사결정을 하는 능력
질서	체계를 만들고 상황을 통제하기 위해 정확하게 하는 능력
창의	아이디어, 새롭고 다양한 관점으로 바라보는 능력
책임감	스스로 하겠다는 것에 의무를 가지고 완수하는 능력
최상주의	최상의 것을 추구하고 달성하기 위해 노력하는 능력
추진력	목표 달성을 위해 밀고 나아가는 능력
탐구	알고 싶은 욕구를 가지고 정보를 수집하며 깊이 파고드는 능력
판단력	도움이 될 만한 정보를 객관적이고 이성적으로 가릴 줄 아는 능력
포용	사람을 너그럽고 따뜻하게 수용하는 능력
학습	새로운 지식과 기술에 대한 갈망, 과정에서 즐거움을 느끼는 능력
호기심	열린 마음으로 경험과 현상에 대해서 흥미를 느끼는 능력

* 강점 진단(strengths finder), Gallup, 《위대한 나의 발견 강점혁명》 참고하여 수정함.

기분 나쁘지 않게
피드백할 수 있을까?

칭찬과 격려를 '인정 피드백'이라 한다면 멈춰야 하는 것, 바꿔야 하는 것, 새롭게 시도해야 하는 도전들이 무엇이지 알려주는 것은 '요청 피드백'이라고 합니다. 이 두 가지는 피드백의 양 날개라 할 만한데, 이 두 가지가 균형이 잡혀 있어야 안정적으로 안착할 수 있습니다.

종종 "어떻게 하면 기분 나쁘지 않게 말할 수 있을까요?"라는 질문을 받습니다. 저는 피드백을 하면서 상대방의 기분까지 책임질 수는 없다고 생각합니다. 상대방이 어떻게 느끼든 상관없이 말하라는 뜻이 아닙니다. 누구든 자신의 마음과 노력을 몰라주면 서운할 수밖에 없다는 것을 받아들이되, 그 감정까지 내가 책임질 필요는 없다는 것이죠.

며칠 전, 직원에게 이메일로 피드백을 보낸 적이 있습니다. 제 생각에는 비난 없는 명료한 요청이었죠. 그런데 다음 날 직원이 말하길, '그 말에 서운했다'고 하더군요. 자신의 노력을 몰라주는 것 같았다고요.

그때는 제가 유연하게 받아내지 못했습니다. 리더로서 할 말을 했다며 피드백의 내용을 반복해서 강조했죠. 서운하다는 말이 마치 저에 대한 비난처럼 느껴졌습니다. 제가 잘못 말해서 자신의 마음이 다쳤고, 그것은 저의 실수라고 말하는 것 같았죠.

조금 지나고서야 깨달았습니다. 상대방은 서운할 수 있습니다. 그럴 수 있습니다. 그래서 자신의 그 마음을 들어줬으면 했던 것이죠. 반면 제가 그것을 저에 대한 비난이라고 느꼈던 이유는, 상대방의 그 감정까지 제 책임이라고 여겼기 때문입니다. 그때 '아, 서운했군요.' 하고 상대방의 감정을 있는 그대로 인정하되, 내 짐으로 끌고 오지 않았더라면 평정을 유지할 수 있었을 것입니다.

리더와 팀원 사이에는 어쩔 수 없는 간극이 있습니다. 역할과 시야가 다르니까요. 따라서 '서운하다'는 말이 듣기 싫어서, 혹은 직원의 마음을 불편하게 하고 싶지 않아서 꼭 필요한 피드백을 삼키고 넘어갈 수는 없습니다.

'요청 피드백'은 어쩔 수 없이 감정의 마이너스 상태를 유발합니다. 그것을 인정해야 합니다. 이것의 목표는 상대방의 마음을 상하지 않게 하는 게 아니라, '이 대화 후에 무엇이 남겨지도록 할까'에 있습니다. 리더에 대한 서운함과 원망만 남길지, 아니면 순간적인 감정이 누그러진 후에 '그래도 저렇게 말한 데는 무슨 이유가 있겠지' 하며 대안을 생각해보도록 할지, 바로 여기에 차이점이 있습니다.

만약 피드백을 공들여 했는데도 상대방이 '속상하고 서운하다'고 하면, '그래, 열심히 한다고 한 건데 이런 말 들으니 속상하지' 하고 보이는 감정 그대로를 읽어주면 됩니다. 상대방의 감정을 떠안지도 말고, '그건 말이야' 하면서 반복해서 설명하지도 말고, '잘한 것도 없으면서 뭐가 서운해' 하며 비난하지도 말고 그저 담담하게 있는 그대로의 감정을 인정해주면 됩니다.

우리가 피드백의 언어를 배우는 이유는 무엇일까요? 하나는, 상대방의 마음이 상할까 봐 너무 에둘러 말한 나머지 핵심이 흐려지는 것을 막기 위해서이고, 다른 하나는 깨우쳐주겠다는 마음에 집중한 나머지 관계까지 해쳐가며 가르치는 것을 막기 위해서입니다.

제가 교육기획 팀장으로 승진하고 한 해가 지났을 무렵의 일입니다. 팀장으로서 처음 리더십 다면평가를 받았죠. 별로 걱정되지는 않았습니다. 성과도, 팀 분위기도 꽤 괜찮은 편이라고 생각했으니까요. 대부분의 신임 팀장이 그러하듯, 저 역시 의욕적으로 팀을 이끌어왔으니까요.

그런데 며칠 후, 저의 진급에 힘을 실어주던 상사가 심각한 표정으로 면담을 요청했습니다. 제가 자리에 앉자마자 그는 "다면평가 결과 나온 거 알지? …왜 이런 일이 생겼냐?" 하고 묻더군요.

당황스러웠습니다. "왜요, 문제가 있습니까?"라고 말하자 상사는 깊은 한숨을 쉬며 '생각했던 것과 달랐다'고 설명합니다. 그러더니 테이블 위에 평가결과 파일을 뒤집어놓은 채로 갑자기 잠시 밖에 나갔다 오겠다고 하는 것입니다. 저는 오만 가지 생각을 하며 잠자코 기다렸죠. 그런데 잠시 후 돌아온 그가 이제 그만 나가보라고 하더군요.

결국 저는 그 파일 안에 어떤 내용이 있었는지도 모른 채 자리로 돌아왔습니다. 가만히 앉아 있자니 화가 났습니다. 직원들 얼굴 보기도 불편했고요. '앞에서는 저렇게 웃으면서 도대체 뭐라고 한 거야!' 하는 생각이 한참을 머릿속에서 떠돌았습니다.

나중에야 상사가 일부러 파일을 두고 간 것이라는 걸 알게 되었죠. 말해주자니 충격받을 것 같고, 알려는 줘야 하니 앞에 놔둔 채 자리를 피해준 것이라고 하더군요. 혼란스러웠습니다. 나쁜 소식을 전하는 악역이 되기 싫었던 걸까요? 평가결과를 적절한 말로 해석해줄 준비가 안 되어 있었던 걸까요? 어떤 이유에서든, 저를 이끌고 성장시켜주려 한다는 생각은 들지 않았습니다.

그 이후, 팀에서 힘든 시간을 보냈습니다. 자신감이 많이 떨어졌죠. 몇 가지 이유가 보태어져 제가 회사를 그만두던 날, 몇몇 팀원이 '오해했다'고 사과를 건넸습니다. 팀장인 제가, 팀원들과 부팀장의 갈등을 알면서도 계속 모르는 척하는 줄 알았다고 하면서요.

그때 그 파일을 열어 문제를 확인하고 함께 대안을 찾아보는 식으로 면담을 이끌었더라면 결과는 어떻게 달라졌을까요? 약간의 변명과 방어를 하도록 제게 시간을 주고, 그동안의 노력을 알아봐주고, 그럼에도 불구하고 변화시켜야 할 행동에 대해 분명한 기준을 제시해줬더라면 어땠을까요?

물론 결과의 책임은 리더, 즉 말하는 사람에게만 있지는 않습니다. 결과에 영향을 미치는 변수들은 아주 많지요. 특히 둘 사이의 관계와 신뢰감이 크게 작용합니다. 같은 말을 해도 누가 하느냐에 따라 받아들이는 게 다르니까요.

피드백을 받는 사람의 능력도 중요한 변수가 됩니다. 일과 자신을 분리하지 못하는 사람, 작은 피드백에도 휘청거리는 사람, 작은 실수를 실패라고 받아들이는 사람에게는 힘을 뺀 피드백도 큰 상처가 될 수 있습니다. 리더가 이 모든 상황을 고려하기는 쉽지 않겠죠.

따라서 가장 좋은 방법은 평소에 칭찬과 격려를 많이 심어두는 것입니다. 적립금을 미리 쌓아두는 것이죠.

장 푸랑수아 만초니, 장 루이 바르수가 쓴 책《확신의 덫》을 보면 다음 네 가지의 조건이 충족될 경우, 직원들이 부정적인 피드백을 더 유연하게 받아들일 가능성이 큰 것으로 나와 있습니다.

1. 피드백하는 사람을 믿을 수 있는 경우

2. 피드백하는 사람의 의도를 신뢰할 수 있을 경우

3. 피드백이 생겨난 과정이 공정하다고 인식하는 경우

   · 모든 관련 정보를 제공받았을 때

   · 해명과 설명의 기회가 주어졌을 때

   · 피드백 받는 사람의 의견을 고려해줄 때

   · 일관된 기준을 적용하여 비판할 때

4. 공정한 과정을 거쳐 피드백이 전달되는 경우

   · 피드백하는 사람이 피드백 받는 사람의 아이디어를 귀담아들을 때

   · 피드백하는 사람이 피드백 받는 사람을 존중하는 모습을 보일 때

   · 의견 충돌에도 불구하고 피드백 받는 사람을 지지해줄 때

특히 사람에 대한 믿음과 신뢰, 공정성에 대한 언급이 눈에 띕

니다. 관계 자산이 피드백에 중요한 영향을 미친다는 것이죠. 믿음과 신뢰는 이벤트 활동으로는 쌓기 어렵습니다. 그보다는 조금씩 자주, 규칙적으로, 예측 가능한 방식으로 적립해나가야 합니다.

공정성 역시 중요합니다. 위 저자들의 연구에 참여한 3,000명의 관리자들은, 피드백할 때 성과가 낮은 직원과 성과가 높은 직원들에 대한 태도를 달리한다고 답했습니다.

성과가 낮다고 생각되는 직원들에게는 일일이 지시하고 통제하려고 한 반면, 성과가 높다고 생각되는 직원들에게는 언제든 도움을 받을 수 있도록 문을 열어두고, 업무에 관해서 상대적으로 자유를 인정해주고, 자유분방하게 의견 교환을 주고받았다고 했습니다. 공정한 피드백이 이루어지지 않은 것이지요.

사실 제대로 피드백을 한다는 것 자체가 상당히 어렵습니다. 의도와 다르게 전해지기도 쉽고, 여러 번 피드백해도 상대방의 행동이 바뀌지 않으면 힘이 빠지지요. 저도 얼마나 많이 좌절했는지 모릅니다.

그럴 때, 저는 자신을 돌아봅니다. 피드백하는 방법을 따져보기도 하지만, 그보다는 어떤 지점에서 나의 불편한 감정이 올라오는지 들여다봅니다. 그리고 그것이 정말 필요한 피드백이었는지 다시 생각해봅니다.

넷플릭스의 CEO 리드 헤이스팅스는, 엉뚱한 결정을 내린 직원에게 부정적인 피드백을 쏟아내고 싶을 때 아래의 문장들을 떠올린다고 합니다.

"부하직원이 멍청한 짓을 했을 때 나무라지 말라. 대신 맥락을 잘못 짚어준 것은 없는지 자문해보라. 목표와 전략을 확실하게 전달했는가? 그것을 성취하는 데 필요한 의욕과 열망을 제대로 불어넣었는가? 팀이 좋은 결정을 내리는 데 도움이 될 만한 가설과 위험을 정확히 알려주었는가? 부하직원들이 당신과 같은 비전과 목표를 가질 수 있도록 그들과 의견을 조율했는가?"

직원들이 자신이 가진 자원을 활용할 수 있도록, 그들이 성장할 수 있도록 먼저 환경을 제공해주어야 한다는 말이겠지요. 올바른 방식의 피드백과 함께 충분한 대화, 충분한 설명, 충분한 질문은 언제, 어느 때나 필요합니다.

요청의
3S 공식

댄 블루웨트가 제시한 안전지대, 학습지대, 공포지대의 도식을 아시나요? 안전지대(comfort zone)의 특징은, 편안함과 수월함입니다. 학습지대(learning zone)의 특징은, 흥미와 도전과 긴장감이죠. 공포지대(panic zone)의 특징은 무서움, 두려움, 불안함입니다.

《어웨이크》의 저자 피터 홀린스는, 학습지대에서 느끼는 적정불안(optimal anxiety)이 오히려 목표달성능력을 높인다고 얘기합니다. 적정 정도의 스트레스는 실행력을 높인다는 것이죠.

앞서 살펴봤던 '요청 피드백'이야말로 안전지대에서 학습지대로의 이동을 요구하는 적정 정도의 스트레스입니다. 특정 자극을 통해, 고민 없는 상태나 늘 하던 방식에서 벗어나 새롭게 배우고

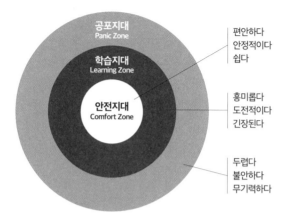

공포지대
Panic Zone

학습지대
Learning Zone

안전지대
Comfort Zone

편안하다
안정적이다
쉽다

흥미롭다
도전적이다
긴장된다

두렵다
불안하다
무기력하다

댄 블루웨트의 '안전지대, 학습지대, 공포지대의 관계'

바꾸고자 하는 의지를 불어넣어주는 것이지요. 그러기 위해서 리더는 현재의 안전지대는 무엇이고, 새롭게 요청해야 할 학습지대는 무엇인지 파악해야 합니다.

눈에 거슬린다고 호출하는 방식이 아닌, 계획과 전략이 요구됩니다. 아이를 키울 때도 미리 계획하고 가르치면 훈육이지만, 부모 기분에 거슬린다고 혼내면 더 이상 훈육이 아니지요. 직원을 다룰 때도 마찬가지입니다.

일단 하고 싶은 말을 나오는 대로 질러놓고 "다 너를 위해서 하는 말이야", "말해줄 때 새겨 들어라"고 한다면 상대방은 안전지대에서 벗어나지 않으려고 하거나, 공포지대로 내몰리게 될 것입니다.

여기, 피드백할 때 기억해야 할 세 가지 조건이 있습니다. 이것을 3S 공식이라 부릅니다.

See (관찰한 내용): _____ 행동을 보았다/알았다.

Side Effect (부정적 영향력): 그 행동은 _____ 한 어려움을 만든다.

Side (대안과 수용): 앞으로 _____ 해주기를 바란다.

피드백의 달인들은 흥분해서 상대를 비난하지 않습니다. 기분 나쁘고 마음이 상할 수 있지만 상대를 인격적으로 모독하는 말은 하지 않습니다. 예를 들면 "넌 항상 그래!", "그런 머리로 어떻게 일할래?"처럼 문제 행동을 영구화하거나 고정시키는 말은 하지 않습니다.

대신, 첫 번째 S(See) 기술을 사용합니다. 보고 듣고 관찰한 내용을 객관적으로 말합니다. 예를 들어, 회의 시간에 자주 목소리를 높이는 후배가 있다고 가정해봅시다. 그래서 종종 팀 분위기가 흐려진다면 그에게 뭐라고 조언해야 할까요. "너는 뭐든 그렇게 처리하더라!" 하고 말하면 사람 그 자체를 비난하는 것이 됩니다. 하지만 "지난 회의 때, 당신이 상대방의 말을 끊고 목소리를 높였다"고 말하면, 관찰한 사실 그대로를 전달하는 것이 되지요.

이 기술을 사용하면, 사람과 행동을 분리하는 게 수월해집니다.

문제행동을 사람의 문제로 간주해서 말하면, 상대방은 비난으로 느끼고 무슨 말이든 튕겨내버립니다. 비난은 생각을 멈추게 합니다. 사람은 비난받을 때 도망가거나 들이받거나 얼어붙는 식의 방어태세를 취하게 됩니다. 만약 리더가 비난조로 피드백을 하면 더이상 아무 생각도 하지 않고 멍하니 듣는 척하게 될 가능성이 높습니다. 그래서 평가하지 않고 관찰하는 것이 중요합니다.

그런데 생각보다 관찰하지 않고 사람을 평가하는 경우가 많습니다. 다음의 문장이 관찰인지, 평가인지 구분해볼까요? 만약 평가라면 어떻게 바꾸어볼 수 있을까요?

문장) 그는 또 딴생각 중이다.

이 문장은 관찰인가요, 평가인가요. 네 맞습니다. 평가이지요. 우선 '또'라는 단어가 문제가 됩니다. 그리고 그가 딴생각 중인지 아닌지는 확인이 필요한 의견일 뿐이지요. 그럼 이제 이 문장을 관찰로 바꾸어볼까요. "그는 15분째 아무 말 없이 창밖을 보고 있다" 정도가 되겠네요. 그가 그때 어떤 생각을 하고 있었는지는 질문해야 알 수 있습니다. 만약 "너, 또 딴생각 중이지!" 하고 말하면 상대는 자신을 향한 비난으로 받아들이고, 설령 그렇다 하더라도 "아니거든요!" 하게 되겠죠.

다음으로 피드백을 잘하는 사람들은 두 번째 S(Side effect) 기술을 사용합니다. 문제행동으로 인해 생기는 부정적인 영향력을 설명해주는 것입니다. 회의 시간마다 감정적으로 대응하는 후배에게 "네가 상대방의 말을 끊고 목소리를 높이면 팀 전체가 원래의 주제에 집중할 수 없게 되고, 다른 팀원들도 네 의견에 더 부정적인 입장을 고수하게 될 거야. 결국 네가 손해야" 이 정도로 말해줄 수 있겠지요.

특히 그런 행동이 팀과 자신에게 혹은 전체 조직에 어떤 영향을 끼치는지, 그런 모습이 어떻게 보이는지 진솔하게 말해주는 것이 좋습니다. 저는 이 파트에서 리더의 내공이 드러난다고 생각합니다. 3층에서는 안 보이지만, 10층으로 올라가면 보이는 것들이 있으니까요. 리더의 시각으로 볼 수 있는 것들을 설명해주면 됩니다.

아, 물론 말은 간결하게 하는 게 좋습니다. 피드백을 관찰하다 보면, 비슷한 이야기인데 한 말 또 하고, 한 말 또 하는 경우를 종종 보게 됩니다. 좋은 의도로 시작된 설명이 반복되면 잔소리로 이어지고, 그게 길어지면 '나를 비난하는 건가' 하는 의심으로 이어질 수 있습니다.

이제 마지막으로 세 번째 S(Side) 기술을 살펴볼까요. 문제 행동을 객관적으로 알려주고, 그것이 끼치는 부정적인 영향력을 설명한 후에는 다른 선택지에 관해 대화해야 합니다. '그래서 무엇을, 어떻게 다르게 해야 하는가'에 대한 답을 정리해야 하지요. 예를 들어, "회의 중 감정적으로 화가 난다면 그것을 표현하기 전에 우선 기록해두면 어떨까. 회의가 끝나고 요청사항을 정리한 후에 나와 그것에 대해 1:1로 대화했으면 좋겠어"라고 대안을 제시할 수 있습니다.

책《규칙 없음》은 넷플릭스의 이야기를 다루고 있습니다. 어마어마한 성장을 일궈낸 넷플릭스의 시스템과 문화, 리더십에 관한 내용이 담겨 있지요. 그중 '4A 피드백 지침'이라는 넷플릭스만의 피드백 문화가 인상적입니다.

특히 액셔너블(actionable)이라는 지침이 눈에 띕니다. 피드백을 할 때, 실질적인 조치를 포함해서 얘기하라는 말이더군요. 즉, '잘못되었다'고 지적하는 것에서 끝나지 않고 앞으로 어떻게 해야 하는지에 대한 실질적인 대안을 제시하라는 뜻입니다.

"믿고 있어, 앞으로 잘해봐", "다시는 실망시키지 마라"와 같은 말로 피드백을 마무리해서는 안 됩니다. 그런 말은 또 한 번의 능력 테스트와 같습니다. 문제가 명확하지 않은 테스트를 성공적으로 해내는 사람이 몇이나 있을까요. 애매하게 말하고 돌려보내면 직원은 '나름의 방법'으로 '나름의 노력'을 할 텐데, 그것이 과연 리더가 원하는 게 맞을까요? 리더가 먼저, 안전지대에서 학습지대로 넘어갈 수 있는 다른 경로(side)를 알려주어야 합니다.

가능하다면 "당신의 생각은 어떤가요?", "당신이라면 어떻게 적용해볼 수 있겠어요?"라고 상대방의 의견을 한번 물어보세요. 이것을 마지막 사인이라고 부릅니다. 리더가 제안한 대안이 상대방에게 어떻게 들리는지, 혹시 다른 아이디어가 있는지 대화에 참여시키는 것이죠. "앞으로 어떻게 다르게 해볼 수 있을까?"라고 묻는 것도 좋습니다.

수용과 합의를 위한 질문을 하다 보면, 대화가 길어질 수 있습니다. 그러다가 상대방의 더 복잡한 속내를 듣게 되고, 안 그래도 벅찬데 후배의 고민까지 껴안게 되었다는 생각이 들 수도 있지요.

피드백을 할 때 매번 상대방에게 대안을 묻고 확인해야 하는 것은 아닙니다. 리더가 명확한 대안을 제시하고, '그렇게 해달라'고 요청해도 괜찮습니다.

다만 정답이 없는 문제일수록, 상대방을 안전지대로부터 한 걸음 나아가게 하는 일이 어려울수록, 참여시키는 대화가 답이 될 수 있습니다. 사람은 직접 수용하고 동의한 말에 더 자발적으로 움직이게 되니 말입니다.

Tip 3S 공식 실전에서 활용하기

누군가에게 개선과 도전을 요청했던 가장 최근의 대화를 떠올려보세요. 그때 당신은 상대방에게 무엇을, 어떻게 말했나요? 그때 한 말을 3S 공식에 대입해본다면, 어떻게 다르게 말할 수 있을까요?

❶ 내가 했던 말

❷ 3S 공식 적용해서 말 바꿔보기

See (관찰한 내용)	
Side Effect **(부정적 영향력)**	
Side **(대안과 수용)**	

면담
준비하기

우리는 지금까지 성장을 위한 '3F의 조건', '인정'과 '요청 피드백'의 기술을 정리해보았습니다. 실전에서는 각각의 기술들이 하나의 프로세스로 이어져야겠지요. 만약 당신이 내일 30분간 직원과 성과면담을 해야 한다면, 각각의 요인들을 어떻게 반영해서 준비해볼 수 있을까요?

우선 면담을 위해서 몇 가지 자료들을 챙겨야 합니다. 근거를 마련하는 일이 중요합니다. 과정이 공정해야 피드백을 받아들인다던 말 기억하시나요? 열심히 했다고 하는 대신, '무엇을 열심히 했는지' 설명해줄 수 있어야 합니다. '이렇게 일하면 안 된다'고 말할 때도 마찬가지입니다. 항상 근거를 기반으로 면담해야 합니다.

관찰을 통해 발견한 데이터들도 정리합니다. 면담이 얼마 남지 않은 상태에서 '가만있어보자… 그동안 어땠더라' 하게 되면 부분만 보고서 평가하게 되기 쉽습니다. 최근에 있었던 일 또는 인상 깊게 남은 강렬한 장면만 떠올리면서 전체 피드백을 하게 되니까요. 제가 만났던 면담을 잘하는 리더들은 직원별로 문서를 정리해서 관리하고 있었습니다. 틈틈이 메모해두세요. 그리고 면담 전에 그동안 메모한 것들을 확인하세요. 기록하지 않은 기억은 왜곡되고 편집됩니다.

회의를 시작하기 전 준비 과정이 철저했다면, 회의실에서 핵심 안건에 바로 집중할 수 있습니다. 시간도 절약되고요. 면담도 마찬가지입니다. 아무런 준비 없이 갑자기 "오늘 시간 되나?" 하면서 직원을 호출하지 마세요. 어떤 리더는 면담에서 같이 이야기할 주제와 목차를 미리 정리해서 보내놓기도 합니다. 회의진행 순서를 공유하듯이 말이에요.

이렇게 준비과정을 잘 마쳤다면, 이제 면담 프로세스를 점검할 차례입니다. 앞에서 살펴본 내용들을 다시 정리하면서 당신의 언어로 차근차근 준비해봅니다. 첫 번째 점검할 것은 Focus, 즉 면담의 목표를 구체화하는 과정입니다.

Focus: 목표를 구체화하기

먼저 면담의 목표를 명확히 합니다. 사는 이야기나 하소연을 주고받다가 면담이 끝나버리는 경우가 종종 생기니까요. 따라서 리더가 원하는 면담의 주제와 구성원이 기대하는 면담의 주제를 서로 확인해야 합니다. 리더는 이런 식으로 말할 수 있습니다.

"오늘 자네의 중간 성과와 성장과제에 대해 이야기하고 싶네."

"앞으로 30분 동안, 우리가 해낸 것과 앞으로 노력해야 할 부분을 정리하고자 하네."

"요즘 일하는 건 어때? 잘돼가?", "하고 싶은 얘기 있으면 해봐" 하면서 면담을 시작하면 중요한 맥락을 놓치게 되거나 시간을 허투루 쓰게 됩니다. 평소에 미리 다루어야 했던 문제들이 갑자기 면담 중에 터져버리면, 그 구멍을 막느라 사람의 성장에 집중하기 어려워질 수도 있습니다. 그러니 시작하기 전에 왜 이 면담을 하려고 하는지 명확히 하세요. 성장의 대화를 위한 자리라면, 그것에 초점을 맞추고 대화를 시작해야 합니다.

동시에 직원이 기대하는 면담의 목표를 확인해야 합니다. 아래와 같이 물을 수 있습니다.

"이번 면담에서 기대하는 바가 있다면 무엇인가?"

"혹시 자네의 '성장'과 관련해서 상의하고 싶은 부분이 있을까?"

"이런 시간을 통해 무엇을 이야기하면 자네에게 도움이 될까?"

Feedback: 피드백하기

명확한 목표가 있어야 피드백도 가능합니다. 연초에 각자의 성장 및 성과목표를 구체화시키고 개인 면담을 통해 조율했다고 가정해봅시다. 그런데 만약 그 목표가 '최선을 다하자'였다면 피드백을 하기가 애매해집니다. 형식적인 피드백을 하게 될 가능성이 높지요.

목표가 명확하다면, 이제는 현재 상황이 그 목표로부터 얼마나 떨어져 있는지 확인해야 합니다. 이때는, 직원에게 먼저 말할 기회를 주는 게 좋습니다. 리더가 먼저 의견을 말하면 그것이 기준점이 되어 더 이상의 탐색이 어려워지기 때문이죠. 리더는 말하고, 직원은 방어하는 식으로 흘러가기 쉽습니다.

직원이 자신의 성과를 내보일 수 있도록, 혹은 고민을 털어놓을 수 있도록 시간을 줘야 합니다. 대부분의 리더는 직원이 말하는 '성과'에 동의하기 어렵습니다. '그게 중요한 게 아니지', '그건 자네 생각이지' 하는 마음이 들기 쉽죠. 그래서 아예 들어보지도 않으려고 합니다.

하지만 면담은 사실만 다루는 과정이 아니라, 사람을 만나는 시간입니다. 직원의 이야기를 먼저 들으세요. 귀 기울이는 태도가 신뢰를 불러일으키고, 존중받는다는 느낌을 갖게 합니다. 직원이 셀프 피드백을 할 수 있도록 리더는 다음과 같이 질문할 수 있습니다.

기대했던 목표 상황과 현재 상황은 어떻게 다른가?

결과를 통해 무엇을 배웠는가?

스스로 만족스러운 부분은 무엇인가?

더 노력이 필요하다고 느끼는 부분은 무엇인가?

가장 어려운 점은 무엇이었나?

해결하기 위해 어떤 노력들을 했었나?

나에게 더 설명하고 싶은 부분이 있다면 무엇인가?

구성원의 자기평가를 충분히 듣고 나면 분명 인정하고 격려할 만한 것들이 생깁니다. 과정을 알게 되니까요. 이때 3C 기법을 활용하면 됩니다. 굳은 표정으로 테이블만 응시하지 말고, 중간중간 고개를 끄덕이며 가볍게 미소도 지으면서 마음껏 긍정자산을 쌓아가세요. 인정과 질문, 직원의 대답이 계속 이어지게 되면 점차 수면 아래로의 탐색도 가능해집니다.

Contents (구체적인 내용): 당신이 _____ 했군요.

Character (발견한 특성): 당신에게 _____ 특성이 있어요.

Contribution (기여와 영향력): 그 덕분에 _____ 하죠.

그런 다음, 리더가 준비한 요청 피드백을 전합니다. 이번에는 3S를 기억하세요. 갑자기 돌변해서 추궁하듯 말하지 말고, 인정 피드백을 할 때처럼 직원의 성장을 바라는 마음을 담아 설명하세요.

See (관찰한 내용): _____ 행동을 보았다/알았다.

Side effect (부정적 영향력): 그 행동은 _____ 한 어려움을 만든다.

Side (대안과 수용): 앞으로 _____ 해주기를 바란다.

피드백할 때 리더가 직접 알려주지 않고 상대방에게 먼저 대안이 있는지 물어도 좋습니다. 또 리더가 제시한 방법에 관해 어떤 의견을 가지고 있는지 질문하고, 함께 조율해가는 대화도 필요합니다(sign 단계 추가). 최종 피드백 결과에 대한 생각이 다를 때 직원의 손을 들어주지 않아도 괜찮습니다. 리더는 다만 '경청하고 존중하기 위해 노력하는 모습'을 보여주면 됩니다.

이 부분에서 리더와 직원의 의견 차이가 생길 수도 있습니다. 성과 결과, 관찰한 내용의 오류, 대안에 관해 대립이 생길 수 있죠. 그럴 때는 앞에서 배운 것들을 기억하세요. 자신의 불편한 마음을 감지하고(Sense), 그렇게 말할 수밖에 없는 상대방의 마음을 관찰하세요(See). 그리고 차이의 강을 건너기 위해 무엇을 더 질문해야 할지를 찾습니다(Say).

만약 쉽게 의견 차이가 좁혀지지 않고 대화가 불편해질 때는, 이번 한 번의 대화로 모든 것을 정리하겠다는 의지를 잠시 내려놓으세요. 서로 '내가 맞고, 너는 틀리다'는 노선을 타기 시작하면, 말을 할수록 관계가 나빠집니다.

"이런 말을 들으니 서운했겠어"라고 상대방의 감정을 읽어주고 "나도 잘 설명하고 싶은데 좀 어렵네"라며 자신의 감정과 상황을 솔직하게 표현하는 것이 좋습니다. 진정성 있는 모습을 보여주고 기다리면 됩니다. 오히려 장황한 설명은 도움이 되지 않습니다.

사실 누구나 더 좋은 결과를 받고 싶어 합니다. 모두들 그렇습니다. 그러니 상대방의 감정은 결과에 대한 속상함이지, 리더에 대한 비난과 원망이 아닐 수 있습니다. 그 감정을 자신에 대한 비난과 원망으로 해석하면 그 시간을 견디기 힘들어집니다. 상대방의 욕구를 들여다보면서 마음을 편안히 가다듬어보세요.

Fix It: 수정하기

이제 다시 목표로 가는 새 길을 만들어야 합니다. 새로운 행동 계획을 수립할 차례입니다. 안전지대에서 학습지대로 이동할 수 있도록 대안 행동을 구체화합니다. 이때도 직원의 아이디어를 먼저 묻는 것이 좋습니다. 자신에게 잘 맞는 스타일과 방식은 자신이 제일 잘 아는 법이니까요. 아래의 질문들을 다양한 버전으로 활용해보세요.

앞으로 무엇을 다르게 하고 싶은가?

새롭게 시도해볼 만한 아이디어는 무엇인가?

멈추거나 줄여야 하는 것이 있다면?

가장 먼저 해야 할 일은 무엇이라고 생각하는가?

그것을 어떻게 해결해나가면 좋을까?

예상되는 장애요인은?

언제부터, 어떻게 하면 좋을까?

이어서 리더는 새로운 제안을 할 수 있습니다. '말하는 대신 질문하라'는 조언 때문에 간혹 하고 싶은 말이 있어도 억지로 참는 경우가 생깁니다만, 지나치게 그럴 필요는 없습니다. 노하우나 경험 등 리더가 가지고 있는 지혜를 나눠 주세요. 다만 너무 많이, 너무 길게, 너무 빨리 나눠 주는 것만 경계하세요.

마지막으로 면담을 마무리하기 전, 무엇을 지원해주면 좋을지 묻습니다. 또 이 면담을 통해 정해진 실행계획을 앞으로 어떻게 모니터링할 것인지에 대해서도 상의합니다. 일을 벌려놓고 '이제 모든 것은 너에게 달렸다, 잘해봐라' 하며 한 발짝 물러서면, 앞으로 자신이 힘들 것 같은 아이디어는 내지 않겠지요. 끝까지 같은 편이라는 느낌을 주세요.

"내가 어떤 부분을 지원해주면 좋을까?"

"실행력을 높이기 위해 무엇을 도와줄까?"

"언제 다시 이 부분에 대해 같이 확인하면 좋을까?"

이제는 정말 마무리할 시간입니다. 서로 간단한 소감을 나눕니다. 상대방의 인상적인 성장 포인트를 다시 한번 강조해서 말해주거나 평소에 말하지 못했던 고마움을 전하는 것도 좋습니다. 또한 '이번 면담에서 무엇을 확인했는가?'라고 묻는 것이 좋습니다. "어땠어?"라고 물으면 그냥 "좋았습니다" 하고 말하는 경우가 많으므로 열린 질문을 사용하는 게 좋습니다.

이런 과정으로 면담을 진행하면 '특별히 할 말이 없어서 10분 만에 끝냈다'는 경험담은 더 이상 나오지 않게 될 것입니다. 오히려 시간은 좀 걸리겠지만, 리더와 직원 모두 성과를 위해 성장을 관리했다는 경험을 공유하게 될 것입니다.

면담을 마치고 자리에 돌아온 후 3분 정도 여유를 갖고, 좀 전의 대화를 정리해보세요. 면담을 통해 무엇을 얻었는지, 다음에는 어떻게 다르게 해야 할지 메모해두는 것이죠. 그러한 과정을 거치면 리더 스스로도 이번 면담에 대한 의미를 찾게 되고, 다음 면담에 들어갈 때에도 도움이 됩니다.

직원과의 면담에서 무엇을 얻었는가?

질문하기와 말하기 중 어느 것의 비중이 높았나?

준비와 실전은 무엇이 달랐는가?

만족스러웠던 점은 무엇인가?

다음 면담에서는 어떻게 다르게 하고 싶은가?

실제 면담을 하다 보면 다른 변수들이 생길 수 있습니다. 직원이 답을 잘하지 않거나, 단답형 대답만 하는 경우도 있고요. 혹은 다른 주제가 끼어들면서 방향성이 흐트러질 수도 있고, 피드백의 결과를 합의하는 과정에서 논쟁으로 번지기도 하고요.

그러나 그것은 면담 프로세스의 문제가 아니라, 신뢰와 안전의 이슈라고 느껴집니다. 만약 그러한 상황이 자꾸 반복된다면 관계를 튼튼히 하는 일부터 다시 시작해야 합니다. 허술하고 위태로워 보이는, 안전 점검도 하지 않은 작은 배에 너무 무거운 짐들을 싣게 되면 가라앉아버리는 게 당연하지요. 배를 띄우기 전에 먼저 여기저기 손봐야 합니다.

상대방에게 리더의 호감과 관심을 전하는 것도 면담의 목표입니다.

혹시 상대방의 의견을 수용하거나 공감하는 게 어렵다면, 리더의 진심을 전하는 것도 면담의 한 목표라는 것을 기억하세요. 이것도 저것도 뜻대로 안 될 때는 우리가 한 팀이고, 내가 당신의 성장을 돕고 싶고, 나도 좋은 팀을 만들고 싶다는 마음을 표현하세요. 억지로 합의도장을 찍는 것보다는 '고백'이 더 중요할지 모릅니다.

물론 리더들은 많이 지쳐 있습니다. 직원이 성장할 때 조직의 성과가 만들어진다는 것을 알지만, 그것만으로는 달릴 힘이 부족할 때도 있습니다. 하지만 포기하지 마세요. '바쁜데 이것까지 해야 하느냐'는 마음이 들 때 '밭의 작물들은 농부들의 발걸음을 듣고 자란다'는 말을 떠올려보세요. 나중에 당신이 이룬 성장의 밭을 상상해보세요. 낱개의 시간과 노력들이 모여 풍성한 밭과 논을 이룰 때, 그것을 바라보는 농부는 어떤 보람과 삶의 의미를 가질까요.

저는 좀 고되더라도 사람농사를 포기하고 싶지 않습니다. '사람한테 뒤통수 많이 맞았다'고 하면서도 "선배님, 고민 있어요, 도와주세요." 하고 후배가 찾아올 때 "찾아와줘서 오히려 내가 고맙다"고 말하게 되는 것은 그 관계에서 분명 남겨지는 것들이 있기 때문이지요.

마지막까지 리더인 당신에게 많은 요구를 한 것 같아 안쓰러운 마음이 듭니다. 그러나 저의 결론은 항상 같은 지점에 다다릅니다. 이 과정의 최대 수혜자는 당신이기를 바랍니다. 누군가의 성장을 돕는 과정에서 당신이 가장 많이 성장하게 될 거라고 믿습니다. 가르치는 사람이 가장 많이 배운다는 말처럼, 우리는 앞으로도 사람을 통해서 더 많이 성장하게 될 것임을 믿어 의심치 않습니다.

⬡Tip 면담 전 액션 시트 작성하기

성과면담에 들어가기 전, 아래의 액션 시트를 참고해서 시나리오를 작성해보세요. '3F 프로세스', '인정'과 '요청 피드백'을 미리 작성해봅니다. 어떤 질문이 필요할지는 자신의 스타일과 상황에 맞게 정리하면 됩니다. 실제 면담에서는 '말하기'보다 '질문하기'에 더 집중해야 한다는 것을 잊지 마세요. 말은 줄이고, 질문을 더 많이 던지세요.

면담을 마친 후에는 다시 액션 시트를 열어 계획과 실제 면담 사이에 어떤 차이점이 있었는지 확인하세요. 준비와 실행은 어떻게 달랐는지, 다음 면담에서는 무엇을 바꿔야 할지 메모해두세요.

〈예시〉

	질문하기	말하기
시작	관심 및 근황 질문을 통해 편안한 분위기 만들기	가벼운 인사 나누기
Focus (목표의 구체화)	• 이번 면담에서 기대하는 바가 있다면 무엇인가? • 상대방의 '성장'과 관련해서 함께 논의하고 싶은 부분이 있다면 무엇인가? • 이런 시간을 통해 무엇을 이야기하면 목표에 도움이 될까?	"앞으로 30분 정도, 우리가 해낸 것과 앞으로 노력해야 할 부분에 대해 함께 정리해보고자 하네."
Feedback (피드백하기)	• 기대했던 목표와 실제 결과는 어떻게 달랐는가? • 결과를 통해 무엇을 배웠는가? • 스스로 만족스러운 부분은 무엇인가?	〈인정 피드백〉 Contents(구체적인 내용) Character(발견한 특성) Contribution (기여와 영향력)

	• 더 노력이 필요하다고 느끼는 부분은 무엇인가? • 가장 어려웠던 점은 무엇이었나? • 해결하기 위해 어떤 노력들을 했었나?	\<요청 피드백\> See(관찰한 내용) Side effect (부정적 영향력) Side(대안과 수용)
Fix It (수정하기)	• 앞으로 다르게 해보고 싶은 것은 무엇인가? • 새롭게 시도해볼 만한 아이디어는 무엇인가? • 멈추거나 줄여야 하는 게 있다면 무엇인가? • 가장 먼저 해야 할 일은 무엇이라고 생각하는가? • 그것을 어떻게 해결해나가면 좋은가? • 예상되는 장애요인은 무엇인가? • 언제부터, 어떻게 하면 좋을까?	"혹시 내가 새로운 제안을 해도 된다면 말이야(노하우, 아이디어 제공)."
마무리	• 내가 어떤 부분을 지원해주기를 원하는가? • 실행력을 높이기 위해 내가 무엇을 도와주었으면 좋겠는가? • 이 부분에 대해 언제 함께 확인하면 좋을까?	함께 대화한 소감 나누기 고마운 마음 전하기
면담 결과	• 직원과의 면담에서 무엇을 얻었는가? • 질문하기와 말하기 중 어느 것의 비중이 높았나? • 준비와 실전은 무엇이 달랐는가? • 만족스러웠던 점은 무엇인가? • 다음 면담에서는 어떻게 다르게 하고 싶은가?	

Action Sheet

	질문하기	말하기
시작		
FOCUS (목표의 구체화)		
FEEDBACK (피드백 하기)		
FIX IT (수정하기)		
마무리		
면담 결과		

리더의 길, 마음의 길

"그때는 잘 몰랐어요. 나 혼자만 힘들다고 생각했죠. 이제 마음이 편안해지니 직원들도 서툰 리더 때문에 고생했겠다 싶더라고요. 잘해보고 싶은 마음은 다 같으니까요."

그는 신임 리더입니다. 보직 변경 후, 1년 동안 힘든 시간을 보냈습니다. 무언가를 보여줘야 할 것 같았고, 빛나는 성과를 모두에게 확인시켜주고 싶었기에 최선을 다했습니다. 진심은 통할 거라 믿으며 가장 먼저 출근해서 누구보다 늦게까지 일했습니다. 그러나 결과는 뜻한 바와 달랐죠. 혼자서 열심히 달릴수록 직원들은 점점 더 뒤처지기만 했습니다.

'일하면서 배운다'고 생각했던 그는, 가능하면 후배들에게 많은 일을 끌어다주었습니다. 그런데 후배들은 '그렇게까지는 하고 싶지 않다'며 손을 내저었습니다. 그로서는 이해할 수 없는 일이었죠. 의견이 충돌할 때도 후배들은 "제가 왜요?" 하며 물러서지 않았고, 회의 시간은 종종 서로의 의견을 두고 맞서는 장이 되었습니다. 일이 부드럽게 진행될 리 없었죠.

그는 외롭고 암담했습니다. 온통 이해할 수 없는 것투성이었으니까요. 1년 동안 수없이 자신을 의심했고, 사람들에게 실망했으며, 억울하고 화가 났습니다. 그러나 이제 그는 깨달았습니다. 자신이 열심히 달려온 것은 맞지만, 리더가 되기 위한 준비는 미처 하지 못했다는 것을요. 새로운 역할에 주어지는 과제들을 인식하지 못했고, 그에 맞는 마음가짐도 갖추지 못했다는 것을요.

그래서 '한 팀'이라는 믿음이 생기기도 전에 팀원들을 밀어붙였고, 뜻대로 되지 않을 때는 비난과 무시를 드러냈고, 자신의 성공방정식이 통하지 않는다고 여겨질 때도 의미 없는 공회전을 계속했습니다.

그러나 이제 그는 공감하고 싶다고 말합니다. 상대방의 잘해내고 싶은 욕구를 먼저 알아보고, 보이지 않는 수면 아래의 마음을 더 알아보겠다고 합니다. 그는 이제야 진정한 리더로서의 한 걸음을 뗀 듯이 보였습니다.

이 모든 것들은 리더의 마음이 평온해진 후에야 가능해졌습니다. 결과에 대한 조급함과 불안함을 스스로 알아차리고 자신을 의심하거나 미워하지 않을 때, 늪에서 빠져나와 균형감을 되찾기 위해 집중했을 때 비로소 그는 출발선에 다시 설 수 있었습니다.

∾

제 남편은 1년 전 이맘때 팀장이 되었습니다. 팀장이 된 후로 가장 먼저 달라진 것은 퇴근시간이었습니다. 점점 늦어지는 퇴근시간… 어쩌다 일찍 들어온 날도 집에서 밤 늦게까지 업무를 붙잡고 있기 일쑤였죠. 덩달아 스트레스 지수도 높아졌습니다. '어떻게 된 거냐'는 상사의 압박, 팀의 성과관리, 후배 육성, 고객 컴플레인 등을 처리하다 보니 그나마 없던 머리도 우수수 빠지고, 1년 내내 피부 트러블이 끊이질 않더군요.

직원이 고민 상담을 해오면 전화기를 붙든 채 서성이고, 누군가가 지쳐 보이거나 회사를 그만두겠다고 하면 내 탓은 아닌가 힘들어하고, 회사 일을 생각하느라 저녁밥을 먹으면서도 혼자 다른 세상에 있는 것처럼 보일 때도 있었죠. 그 와중에 자신의 커리어와 정체성에 대한 고민은 계속되었고요.

그러한 모습을 볼 때마다 저는 강의장과 상담실에서 만난 수많은 리더들을 떠올렸습니다. 우리 주변에서 흔하게 볼 수 있는, 무수히 좌절하고 흔들리는 리더들을 말이죠.

누구나 리더십 챌린지를 겪습니다. 안 해봤던 일을 할 때면 과도기를 겪게 마련이죠. 게다가 이제 좀 알겠다 싶으면 또다시 새로운 과제들이 눈앞에 놓입니다. 그렇습니다. 이 배움의 길은 쉽사리 끝나질 않습니다. 그 과정은 멀고도 험하죠. 그러니 마음을 잘 쓰려면 몸부터 잘 돌봐야 합니다. 몸이 힘들면 마음도 쉽게 과민해지죠. 몸과 마음이 안정될수록 리더의 말도 편안해집니다. 면역에 좋은 음식, 각종 영양제, 숙면과 운동, 취미생활 등을 의식적으로라도 챙기세요.

그리고 만약 지금 리더십에 대한 문제를 겪고 있다면, 자신의 마음속 소용돌이치는 파도를 잠재우는 데 많은 노력을 기울이세요. 거센 물결이 고요해져야만 비로소 파도 소리, 몽글몽글한 물거품의 형태, 물살에 쓸려오는 작은 돌멩이, 주변의 풍경들이 눈에 들어오기 마련입니다.

프레드릭 더글러스는 "어떤 일에 노력을 들이면, 그 일 역시 그에게 노력을 들이면서 그 사람을 규정한다"고 말했습니다. 리더의 일도 그렇습니다. 공감과 존중과 성장에 노력을 들이면, 그 시간이 당신에 대해 알려줄 것입니다. 당신의 정체성과 존재감에 대해 설명해줄 것입니다. 그만큼 당신은 성장하고, 깊어지게 될 것입니다.

아무쪼록 리더의 길을 걸을 때, 이 책이 편안한 말동무가 되었으면 좋겠습니다. 마음에 파도가 칠 때, 이 책과 함께 잠깐이나마 고요한 시간을 누릴 수 있게 되기를 진심으로 바랍니다.

"리더는 조직의 거울이다."

-《역경》

비울수록 사람을 더 성장시키는
리더의 말 그릇

초판 1쇄 발행 2021년 4월 12일
초판 10쇄 발행 2022년 5월 30일

지은이 김윤나
펴낸이 민혜영
펴낸곳 (주)카시오페아 출판사
주소 서울시 마포구 월드컵로 14길 56, 2층
전화 02-303-5580 | **팩스** 02-2179-8768
홈페이지 www.cassiopeiabook.com | **전자우편** editor@cassiopeiabook.com
출판등록 2012년 12월 27일 제2014-000277호
편집 최유진, 이수민, 진다영 | **디자인** 이성희, 최예슬 | **마케팅** 허경아, 홍수연, 이서우, 변승주
외주편집 정지영

ⓒ김윤나, 2021
ISBN 979-11-90776-61-5 03190

• 잘못된 책은 구입하신 곳에서 바꿔드립니다.
• 책값은 뒤표지에 있습니다.